화엄경 제44권(10정품 28) 해설

화엄경 제44권 10정품 28에는 보현보살이 열 가지 신통력(pp.1~49)과 10인품(pp.49~97)에 대하여 자세히 설명하고, 마지막으로 보현보살이 중송을 외웠다.(pp.97~128)

10통은 타심통(pp.1~4)·무애천안지통(pp.4~6)·숙주수념지통(pp.7~15)·천이지통(pp.16~19)·무작신통(pp.19~24)·언음지통(pp.24~27)·색신장엄지통(pp.27~36)·일체법지통(pp.36~41)·멸진삼매지통(pp.41~49)이고,

10인품은 음성인(p.51)·순인(p.52)·무생법인(pp.52~54)·여환인(pp.54~61)·여염인(pp.61~62)·여몽인(pp.63~64)·여향인(pp.64~68)·여영인(pp.69~74)·여화인(pp.74~83)·여공인(pp.83~97)이다.

보현중송은 오자시(五字詩)로 108수나 된다.

十定品
십정품

第二十八
제이십팔

爾時普賢菩薩摩訶薩告
이시보현보살마하살고

諸菩薩言佛子菩薩摩訶薩
제보살언불자보살마하살

有十種通何者爲十佛子菩
유십종통하자위십불자보

薩摩訶薩以他心智通知一
살마하살이타심지통지일

三千大千世界衆生心差別
삼천대천세계중생심차별

所謂善心不善心廣心狹心
소위선심불선심광심협심

大心小心順生死心背生死
대심소심순생사심배생사

心聲聞心獨覺心菩薩心聲
심성문심독각심보살심성

聞行心獨覺行心菩薩行心
문행심독각행심보살행심

天心龍心夜叉心乾闥婆心
천심용심야차심건달바심

阿修羅心迦樓羅心緊那羅
아수라심가루라심긴나라

心摩睺羅伽心人心非人心
심마후라가심인심비인심

地獄心畜生心閻魔王處心
지옥심축생심염마왕처심

有 유	可 가	那 나	界 계	分 분	等 등	餓 아
衆 중	說 설	由 유	千 천	別 별	無 무	鬼 귀
生 생	佛 불	他 타	世 세	知 지	量 량	心 심
心 심	刹 찰	世 세	界 계	如 여	差 차	諸 제
悉 실	微 미	界 계	百 백	一 일	別 별	難 난
分 분	塵 진	乃 내	千 천	世 세	種 종	處 처
別 별	數 수	至 지	世 세	界 계	種 종	衆 중
知 지	世 세	不 불	界 계	如 여	衆 중	生 생
是 시	界 계	可 가	百 백	是 시	生 생	心 심
名 명	中 중	說 설	千 천	百 백	心 심	如 여
菩 보	所 소	不 불	億 억	世 세	悉 실	是 시

薩摩訶薩第一善知他心智
살마하살제일선지타심지

神通
신통

佛子菩薩摩訶薩以無礙
불자보살마하살이무애

清淨天眼智通見無量不可
청정천안지통견무량불가

說不可說佛刹微塵數世界
설불가설불찰미진수세계

中衆生死此生彼善趣惡趣
중중생사차생피선취악취

福相罪相或好或醜或垢或
복상죄상혹호혹추혹구혹

淨정 如여 是시 品품 類류 無무 量량 衆중 生생 所소 謂위
天천 衆중 龍용 衆중 夜야 叉차 衆중 乾건 闥달 婆바 衆중
阿아 修수 羅라 衆중 迦가 樓루 羅라 衆중 緊긴 那나 羅라
衆중 摩마 睺후 羅라 伽가 衆중 人인 衆중 非비 人인 衆중
微미 細세 身신 衆중 生생 衆중 廣광 大대 身신 衆중 生생
衆중 小소 衆중 大대 衆중 如여 是시 種종 種종 衆중 生생
衆중 中중 以이 無무 礙애 眼안 悉실 皆개 明명 見견 隨수

所소 積적 集집 業업 隨수 所소 受수 苦고 樂락 隨수 心심

隨수 分분 別별 隨수 見견 隨수 言언 說설 隨수 因인 隨수

業업 隨수 所소 緣연 隨수 所소 起기 悉실 皆개 見견 之지

無무 有유 錯착 謬류 是시 名명 菩보 薩살 摩마 訶하 薩살

第제 二이 無무 礙애 天천 眼안 智지 神신 通통

佛불 子자 菩보 薩살 摩마 訶하 薩살 以이 宿숙 住주

隨수 念념 智지 通통 能능 知지 自자 身신 及급 不불 可가

說(설)不(불)可(가)說(설)佛(불)刹(찰)微(미)塵(진)數(수)世(세)界(계)
中(중)一(일)切(체)衆(중)生(생)過(과)去(거)不(불)可(가)說(설)不(불)
可(가)說(설)佛(불)刹(찰)微(미)塵(진)數(수)劫(겁)宿(숙)住(주)之(지)
事(사)所(소)謂(위)某(모)處(처)生(생)如(여)是(시)名(명)如(여)是(시)
姓(성)如(여)是(시)種(종)族(족)如(여)是(시)飮(음)食(식)如(여)是(시)
苦(고)樂(락)從(종)無(무)始(시)來(래)於(어)諸(제)有(유)中(중)以(이)
因(인)以(이)緣(연)展(전)轉(전)滋(자)長(장)次(차)第(제)相(상)續(속)

輪廻不絶種種品類種種國
륜회부절종종품류종종국

土種種趣生種種形相種種
토종종취생종종형상종종

業行種種結使種種心念種
업행종종결사종종심념종

種因緣受生差別如是等事
종인연수생차별여시등사

皆悉了知
개실료지

又憶過去爾所佛刹微塵
우억과거이소불찰미진

數劫爾所佛刹微塵數世界
수겁이소불찰미진수세계

中有爾所佛刹微塵數諸佛 (중유이소불찰미진수제불)
一一佛如是名號如是出興 (일일불여시명호여시출흥)
如是衆會如是父母如是侍 (여시중회여시부모여시시)
者如是聲聞如是最勝二大 (자여시성문여시최승이대)
弟子於如是城邑如是出家 (제자어여시성읍여시출가)
復於如是菩提樹下成最正 (부어여시보리수하성최정)
覺於如是處坐如是座演說 (각어여시처좌여시좌연설)

사경의 공덕은 십만억 부처님께 공양한 것과 같은 공덕이 있습니다.

如是若干經典如是利益爾
여시약간경전여시이익이

所衆生於爾所時住於壽命
소중생어이소시주어수명

施作如是若干佛事依無餘
시작여시약간불사의무여

依般涅槃界而般涅槃般涅
의반열반계이반열반반열

槃後法住久近如是一切悉
반후법주구근여시일체실

能憶念
능억념

又憶念不可說不可說佛
우억념불가설불가설불

住 주	入 입	法 법	供 공	塵 진	號 호	剎 찰
久 구	於 어	壽 수	養 양	數 수	有 유	微 미
近 근	無 무	命 명	諸 제	佛 불	不 불	塵 진
造 조	餘 여	多 다	佛 불	從 종	可 가	數 수
立 립	涅 열	少 소	調 조	初 초	說 설	諸 제
塔 탑	槃 반	神 신	伏 복	發 발	不 불	佛 불
廟 묘	般 반	通 통	衆 중	心 심	可 가	名 명
種 종	涅 열	變 변	生 생	起 기	說 설	號 호
種 종	槃 반	化 화	衆 중	願 원	佛 불	一 일
莊 장	後 후	乃 내	會 회	修 수	剎 찰	一 일
嚴 엄	法 법	至 지	說 설	行 행	微 미	名 명

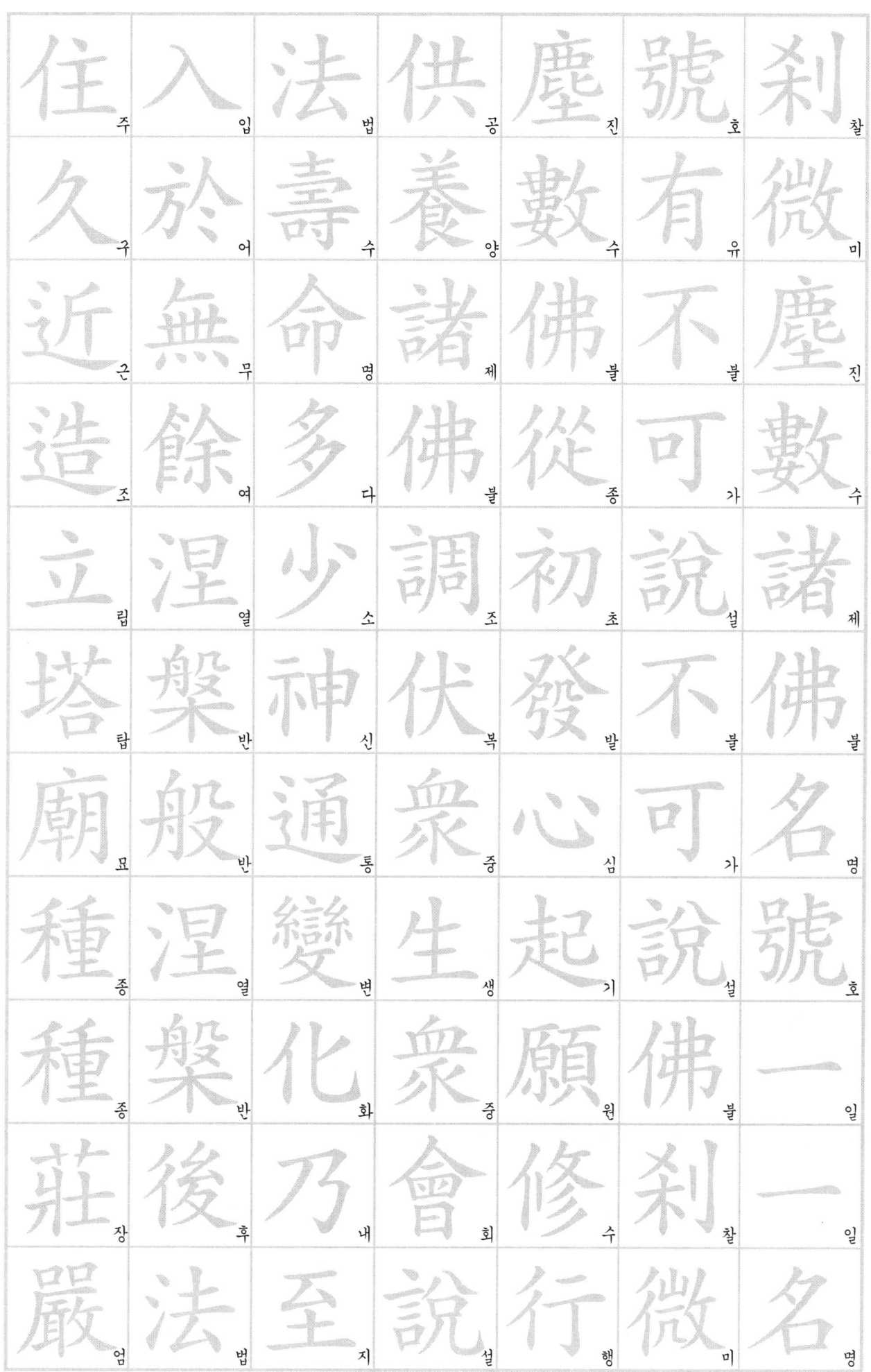

令諸衆生種植善根皆悉能
영제중생종식선근개실능

知是名菩薩摩訶薩第三知
지시명보살마하살제삼지

過去際劫宿住智神通佛子
과거제겁숙주지신통불자

菩薩摩訶薩以知盡未來際
보살마하살이지진미래제

劫智通知不可說不可說佛
겁지통지불가설불가설불

刹微塵數世界中所有劫一
찰미진수세계중소유겁일

一劫中所有衆生命終受生
일겁중소유중생명종수생

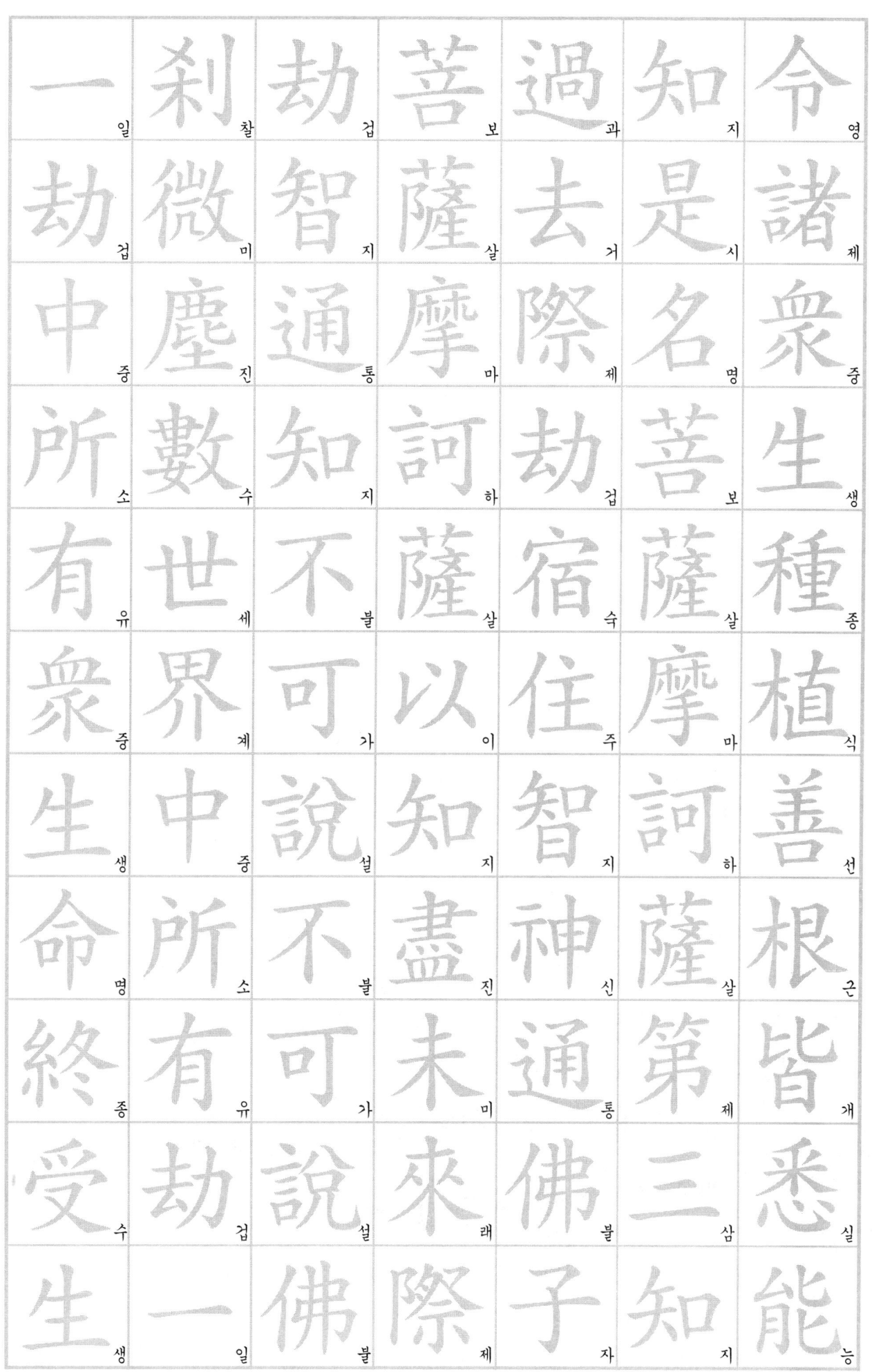

善 선	善 선	使 사	若 약	定 정	不 불	諸 제
根 근	根 근	俱 구	善 선	若 약	善 선	有 유
若 약	若 약	若 약	根 근	不 불	若 약	相 상
積 적	攝 섭	具 구	與 여	決 결	出 출	續 속
集 집	取 취	足 족	使 사	定 정	離 리	業 업
善 선	善 선	善 선	俱 구	若 약	若 약	行 행
根 근	根 근	根 근	若 약	邪 사	不 불	果 과
若 약	若 약	若 약	善 선	定 정	出 출	報 보
不 불	不 불	不 불	根 근	若 약	離 리	若 약
積 적	攝 섭	具 구	不 불	正 정	若 약	善 선
集 집	取 취	足 족	與 여	定 정	決 결	若 약

善根若積集罪法若不積集
선근약적집죄법약불적집

罪法如是一切皆能了知
죄법여시일체개능료지

又知不可說不可說佛刹
우지불가설불가설불찰

微塵數世界盡未來際有不
미진수세계진미래제유불

可說不可說佛刹微塵數劫
가설불가설불찰미진수겁

一一劫有不可說不可說佛
일일겁유불가설불가설불

刹微塵數諸佛名號一一名
찰미진수제불명호일일명

立 립	涅 열	少 소	教 교	初 초	塵 진	號 호
塔 탑	槃 반	神 신	化 화	發 발	數 수	有 유
廟 묘	般 반	通 통	衆 중	心 심	諸 제	不 불
種 종	涅 열	變 변	生 생	起 기	佛 불	可 가
種 종	槃 반	化 화	衆 중	願 원	如 여	說 설
莊 장	後 후	乃 내	會 회	立 립	來 래	不 불
嚴 엄	法 법	至 지	說 설	行 행	一 일	可 가
令 영	住 주	入 입	法 법	供 공	一 일	說 설
諸 제	久 구	於 어	壽 수	養 양	如 여	佛 불
衆 중	近 근	無 무	命 명	諸 제	來 래	刹 찰
生 생	造 조	餘 여	多 다	佛 불	從 종	微 미

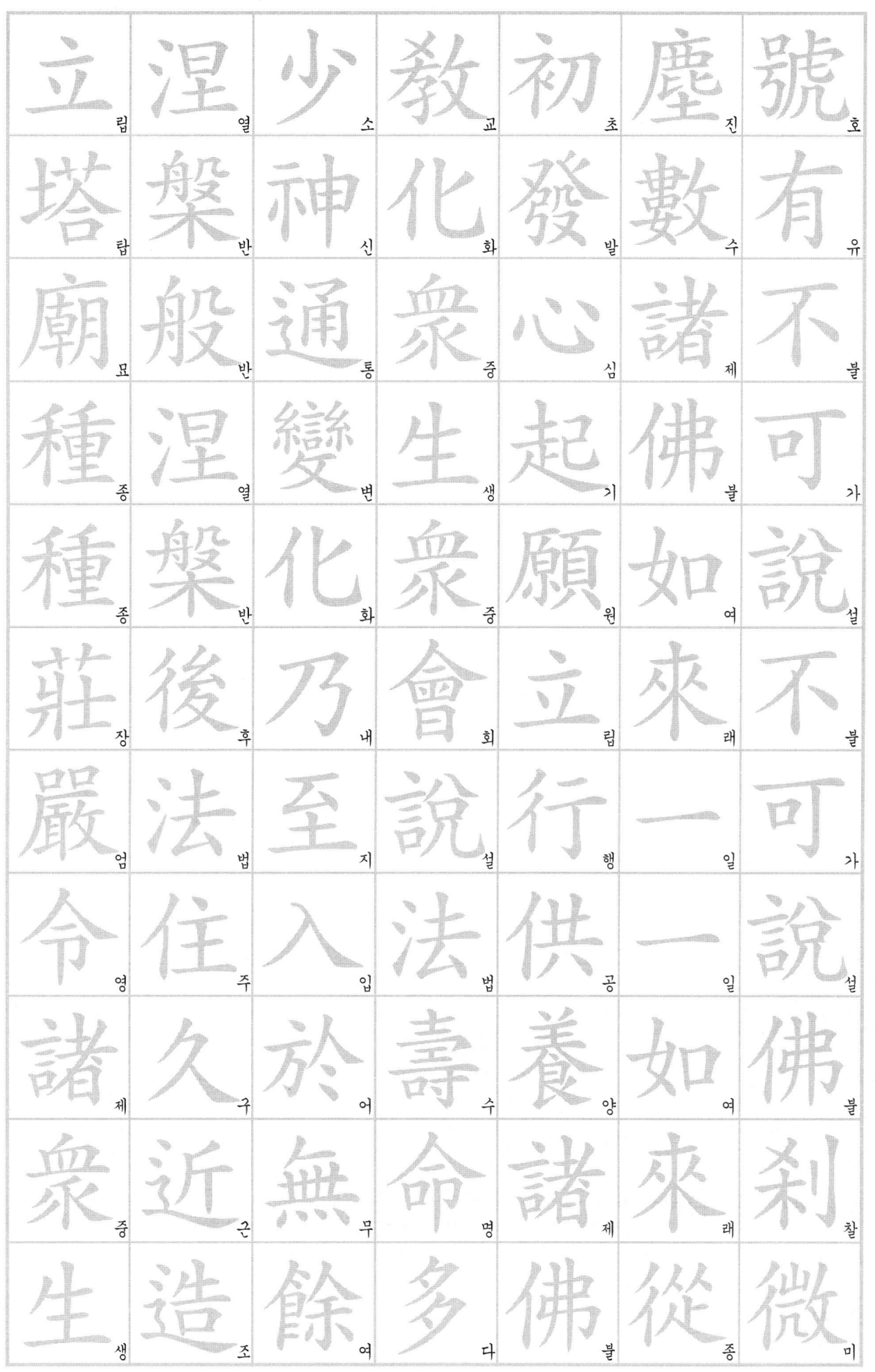

種植善根如是等事悉能了
종식선근여시등사실능료

知是名菩薩摩訶薩第四知
지시명보살마하살제사지

盡未來際劫智神通
진미래제겁지신통

佛子菩薩摩訶薩成就無
불자보살마하살성취무

礙淸淨天耳圓滿廣大聰徹
애청정천이원만광대총철

離障了達無礙具足成就於
리장요달무애구족성취어

諸一切所有音聲欲聞不聞
제일체소유음성욕문불문

隨意自在佛子東方有不可
수의자재불자동방유불가

說不可說佛刹微塵數佛是
설불가설불찰미진수불시

諸佛所說所示所開所演所
제불소설소시소개소연소

安立所教化所調伏所憶念
안립소교화소조복소억념

所分別甚深廣大種種差別
소분별심심광대종종차별

無量方便無量善巧清淨之
무량방편무량선교청정지

法於彼一切皆能受持又於
법어피일체개능수지우어

其中若義若文若一人若衆
기중약의약문약일인약중

會如其音辭如其智慧如所
회여기음사여기지혜여소

了達如所示現如所調伏如
료달여소시현여소조복여

其境界如其所依如其出道
기경계여기소의여기출도

於彼一切悉能記持不忘不
어피일체실능기지불망불

失不斷不退無迷無惑爲他
실부단불퇴무미무혹위타

演說令得悟解終不忘失一
연설영득오해종불망실일

文一句如東方南西北方四
문일구여동방남서북방사

維上下亦復如是是名菩薩
유상하역부여시시명보살

摩訶薩第五無礙淸淨天耳
마하살제오무애청정천이

智神通
지신통

佛子菩薩摩訶薩住無體
불자보살마하살주무체

性神通無作神通平等神通
성신통무작신통평등신통

廣大神通無量神通依神通
광대신통무량신통의신통

사경의 공덕은 십만억 부처님께 공양한 것과 같은 공덕이 있습니다.

通(통)隨(수)念(념)神(신)通(통)起(기)神(신)通(통)不(불)起(기)神(신)
通(통)不(불)退(퇴)神(신)通(통)不(부)斷(단)神(신)通(통)不(불)壞(괴)
神(신)通(통)增(증)長(장)神(신)通(통)隨(수)詣(예)神(신)通(통)此(차)
菩(보)薩(살)聞(문)極(극)遠(원)一(일)切(체)世(세)界(계)中(중)諸(제)
佛(불)名(명)所(소)謂(위)無(무)數(수)世(세)界(계)無(무)量(량)世(세)
界(계)乃(내)至(지)不(불)可(가)說(설)不(불)可(가)說(설)佛(불)刹(찰)
微(미)塵(진)數(수)世(세)界(계)中(중)諸(제)佛(불)名(명)聞(문)其(기)

名(명) 已(이) 卽(즉) 自(자) 見(견) 身(신) 在(재) 彼(피) 佛(불) 所(소)

彼(피) 諸(제) 世(세) 界(계) 或(혹) 仰(앙) 或(혹) 覆(부) 各(각) 各(각)

形(형) 狀(상) 各(각) 各(각) 方(방) 所(소) 各(각) 各(각) 差(차) 別(별) 無(무)

邊(변) 無(무) 礙(애) 種(종) 種(종) 國(국) 土(토) 種(종) 種(종) 時(시) 劫(겁)

無(무) 量(량) 功(공) 德(덕) 各(각) 別(별) 莊(장) 嚴(엄) 彼(피) 彼(피) 如(여)

來(래) 於(어) 中(중) 出(출) 現(현) 示(시) 現(현) 神(신) 變(변) 稱(칭) 揚(양)

名(명) 號(호) 無(무) 量(량) 無(무) 數(수) 各(각) 各(각) 不(부) 同(동) 此(차)

可 가	於 어	國 국	法 법	禮 례	動 동	菩 보
說 설	究 구	土 토	入 입	拜 배	本 본	薩 살
不 불	竟 경	道 도	佛 불	尊 존	處 처	一 일
可 가	無 무	場 량	智 지	重 중	而 이	得 득
說 설	所 소	衆 중	慧 혜	承 승	見 견	聞 문
佛 불	取 취	會 회	悉 실	事 사	其 기	彼 피
刹 찰	着 착	及 급	能 능	供 공	身 신	諸 제
微 미	如 여	所 소	了 료	養 양	在 재	如 여
塵 진	是 시	說 설	達 달	問 문	彼 피	來 래
數 수	經 경	法 법	諸 제	菩 보	佛 불	名 명
劫 겁	不 불	至 지	佛 불	薩 살	所 소	不 부

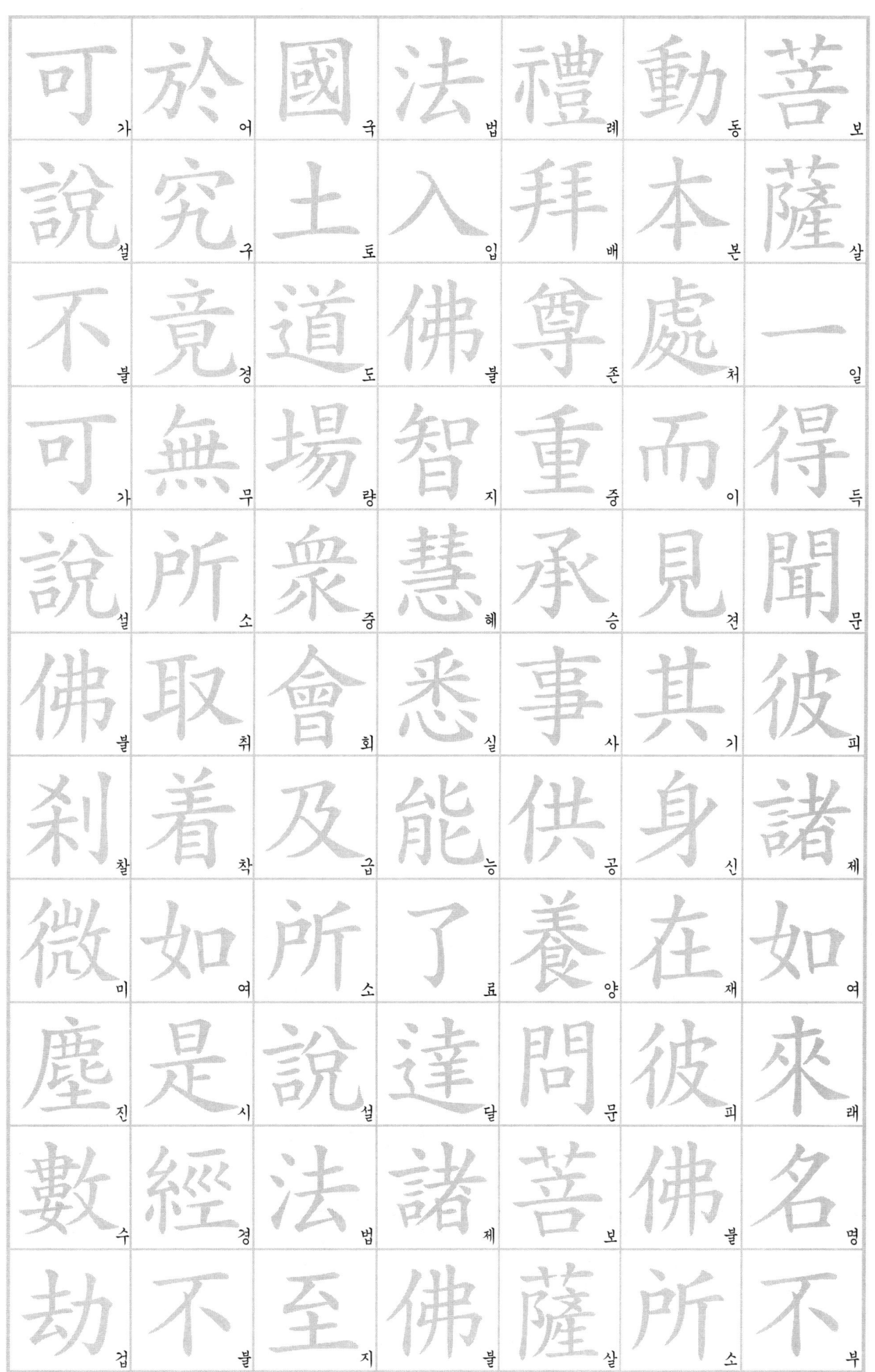

普至十方而無所往然詣刹
보지시방이무소왕연예찰

觀佛聽法請道無有斷絕無
관불청법청도무유단절무

有廢捨無有休息無有疲厭
유폐사무유휴식무유피염

修菩薩行成就大願悉令具
수보살행성취대원실령구

足曾無退轉爲令如來廣大
족증무퇴전위령여래광대

種性不斷絕故是名菩薩摩
종성부단절고시명보살마

訶薩第六無住體性無動作
하살제육무주체성무동작

往一切佛剎智神通

佛子菩薩摩訶薩以善分

別一切衆生言音智通知不

可說不可說佛剎微塵數世

界中衆生種種言辭所謂聖

言辭非聖言辭天言辭龍言

辭夜叉言辭乾闥婆阿修羅

迦樓羅緊那羅摩睺羅伽人
가루라긴나라마후라가인

及非人乃至不可說不可說
급비인내지불가설불가설

衆生所有言辭各各表示種
중생소유언사각각표시종

種差別如是一切皆能了知
종차별여시일체개능료지

此菩薩隨所入世界能知其
차보살수소입세계능지기

中一切衆生所有性欲如其
중일체중생소유성욕여기

性欲爲出言辭悉令解了無
성욕위출언사실령해료무

有疑惑如日光出現普照衆
유의혹여일광출현보조중

色令有目者悉得明見菩薩
색영유목자실득명견보살

摩訶薩亦復如是以善分別
마하살역부여시이선분별

一切言辭智深入一切言辭
일체언사지심입일체언사

雲所有言辭令諸世間聰慧
운소유언사영제세간총혜

之者悉得解了是名菩薩摩
지자실득해료시명보살마

訶薩第七善分別一切言辭
하살제칠선분별일체언사

智(지)神(신)通(통)

佛(불)子(자)菩(보)薩(살)摩(마)訶(하)薩(살)以(이)出(출)生(생)

無(무)量(량)阿(아)僧(승)祇(기)色(색)身(신)莊(장)嚴(엄)智(지)通(통)

知(지)一(일)切(체)法(법)遠(원)離(리)色(색)相(상)無(무)差(차)別(별)

相(상)無(무)種(종)種(종)相(상)無(무)無(무)量(량)相(상)無(무)分(분)

別(별)相(상)無(무)青(청)黃(황)赤(적)白(백)相(상)菩(보)薩(살)如(여)

是(시)入(입)於(어)法(법)界(계)能(능)現(현)其(기)身(신)作(작)種(종)

사경의 공덕은 십만억 부처님께 공양한 것과 같은 공덕이 있습니다.

護 호	色 색	可 가	諸 제	普 보	淨 정	種 종
色 색	極 극	尊 존	相 상	照 조	色 색	色 색
能 능	端 단	重 중	色 색	色 색	莊 장	所 소
成 성	嚴 엄	色 색	離 이	增 증	嚴 엄	謂 위
熟 숙	色 색	無 무	衆 중	上 상	色 색	無 무
色 색	不 불	窮 궁	惡 악	色 색	普 보	邊 변
隨 수	可 가	盡 진	色 색	無 무	徧 변	色 색
化 화	量 량	色 색	大 대	違 위	色 색	無 무
者 자	色 색	衆 중	威 위	逆 역	無 무	量 량
色 색	善 선	雜 잡	力 력	色 색	比 비	色 색
無 무	守 수	妙 묘	色 색	具 구	色 색	淸 청

色 색	大 대	色 색	無 무	方 방	極 극	障 장
清 청	尊 존	諸 제	障 장	便 편	澄 징	礙 애
淨 정	貴 귀	相 상	闇 암	色 색	淨 정	色 색
深 심	色 색	端 단	色 색	不 불	色 색	甚 심
心 심	妙 묘	嚴 엄	善 선	可 가	大 대	明 명
色 색	境 경	色 색	安 안	壞 괴	勇 용	徹 철
熾 치	界 계	種 종	住 주	色 색	健 건	色 색
然 연	色 색	種 종	色 색	離 이	色 색	無 무
明 명	善 선	隨 수	妙 묘	瑕 하	不 불	垢 구
盛 성	磨 마	好 호	莊 장	翳 예	思 사	濁 탁
色 색	瑩 영	色 색	嚴 엄	色 색	議 의	色 색

明 명	巧 교	淸 청	色 색	佛 불	依 의	最 최
淨 정	決 결	淨 정	最 최	刹 찰	色 색	勝 승
色 색	定 정	解 해	勝 승	色 색	無 무	廣 광
淸 청	色 색	了 료	功 공	增 증	等 등	大 대
淨 정	無 무	色 색	德 덕	長 장	比 비	色 색
可 가	有 유	積 적	色 색	色 색	色 색	無 무
樂 락	障 장	集 집	隨 수	堅 견	充 충	間 간
色 색	礙 애	衆 중	諸 제	固 고	滿 만	斷 단
離 이	色 색	妙 묘	心 심	色 색	不 불	色 색
諸 제	虛 허	色 색	樂 락	攝 섭	可 가	無 무
塵 진	空 공	善 선	色 색	受 수	說 설	所 소

所 소	行 행	智 지	色 색	貪 탐	見 견	垢 구
起 기	普 보	慧 혜	離 이	色 색	色 색	色 색
色 색	徧 변	勇 용	諸 제	眞 진	隨 수	不 불
大 대	色 색	猛 맹	怖 포	實 실	時 시	可 가
悲 비	心 심	色 색	畏 외	福 복	示 시	稱 칭
所 소	無 무	身 신	色 색	田 전	現 현	量 량
現 현	所 소	相 상	離 이	色 색	色 색	色 색
色 색	依 의	無 무	愚 우	能 능	寂 적	妙 묘
平 평	色 색	礙 애	癡 치	作 작	靜 정	見 견
等 등	大 대	色 색	行 행	安 안	色 색	色 색
出 출	慈 자	遊 유	色 색	隱 은	離 이	普 보

譬 비	種 종	無 무	歡 환	衆 중	色 색	離 리
喩 유	神 신	有 유	喜 희	生 생	無 무	色 색
色 색	通 통	處 처	眼 안	信 신	邊 변	具 구
周 주	色 색	所 소	色 색	樂 락	妙 묘	足 족
徧 변	生 생	色 색	衆 중	色 색	寶 보	福 복
法 법	如 여	自 자	寶 보	一 일	色 색	德 덕
界 계	來 래	在 재	莊 장	切 체	寶 보	色 색
色 색	家 가	示 시	嚴 엄	智 지	藏 장	隨 수
衆 중	色 색	現 현	第 제	現 현	光 광	心 심
皆 개	過 과	色 색	一 일	前 전	明 명	憶 억
往 왕	諸 제	種 종	色 색	色 색	色 색	念 념

詣(예) 色(색) 種(종) 種(종) 色(색) 成(성) 就(취) 色(색) 出(출) 離(리) 色(색)
隨(수) 所(소) 化(화) 者(자) 威(위) 儀(의) 色(색) 見(견) 無(무) 厭(염) 足(족)
色(색) 種(종) 種(종) 明(명) 淨(정) 色(색) 能(능) 放(방) 無(무) 數(수) 光(광)
網(망) 色(색) 不(불) 可(가) 說(설) 光(광) 明(명) 種(종) 種(종) 差(차) 別(별)
色(색) 不(불) 可(가) 思(사) 香(향) 光(광) 明(명) 超(초) 過(과) 三(삼) 界(계)
色(색) 不(불) 可(가) 量(량) 日(일) 輪(륜) 光(광) 明(명) 照(조) 耀(요) 色(색)
示(시) 現(현) 無(무) 比(비) 月(월) 身(신) 色(색) 無(무) 量(량) 可(가) 愛(애)

사경의 공덕은 십만억 부처님께 공양한 것과 같은 공덕이 있습니다.

樂락 華화 雲운 色색 出출 生생 種종 種종 蓮연 華화 鬘만

雲운 莊장 嚴엄 色색 超초 過과 一일 切체 世세 間간 香향

焰염 普보 熏훈 色색 出출 生생 一일 切체 如여 來래 藏장

色색 不불 可가 說설 音음 聲성 開개 示시 演연 暢창 一일

切체 法법 色색 具구 足족 一일 切체 普보 賢현 行행 色색

佛불 子자 菩보 薩살 摩마 訶하 薩살 深심 入입 如여

是시 無무 色색 法법 界계 能능 現현 此차 等등 種종 種종

사경의 공덕은 십만억 부처님께 공양한 것과 같은 공덕이 있습니다.

色(색) 身(신) 令(영) 所(소) 化(화) 者(자) 見(견) 令(영) 所(소) 化(화) 者(자)
念(념) 爲(위) 所(소) 化(화) 者(자) 轉(전) 法(법) 輪(륜) 隨(수) 所(소) 化(화)
者(자) 時(시) 隨(수) 所(소) 化(화) 者(자) 相(상) 令(영) 所(소) 化(화) 者(자)
親(친) 近(근) 令(영) 所(소) 化(화) 者(자) 開(개) 悟(오) 爲(위) 所(소) 化(화)
者(자) 起(기) 種(종) 種(종) 神(신) 通(통) 爲(위) 所(소) 化(화) 者(자) 現(현)
種(종) 種(종) 自(자) 在(재) 爲(위) 所(소) 化(화) 者(자) 施(시) 種(종) 種(종)
能(능) 事(사) 是(시) 名(명) 菩(보) 薩(살) 摩(마) 訶(하) 薩(살) 爲(위) 度(도)

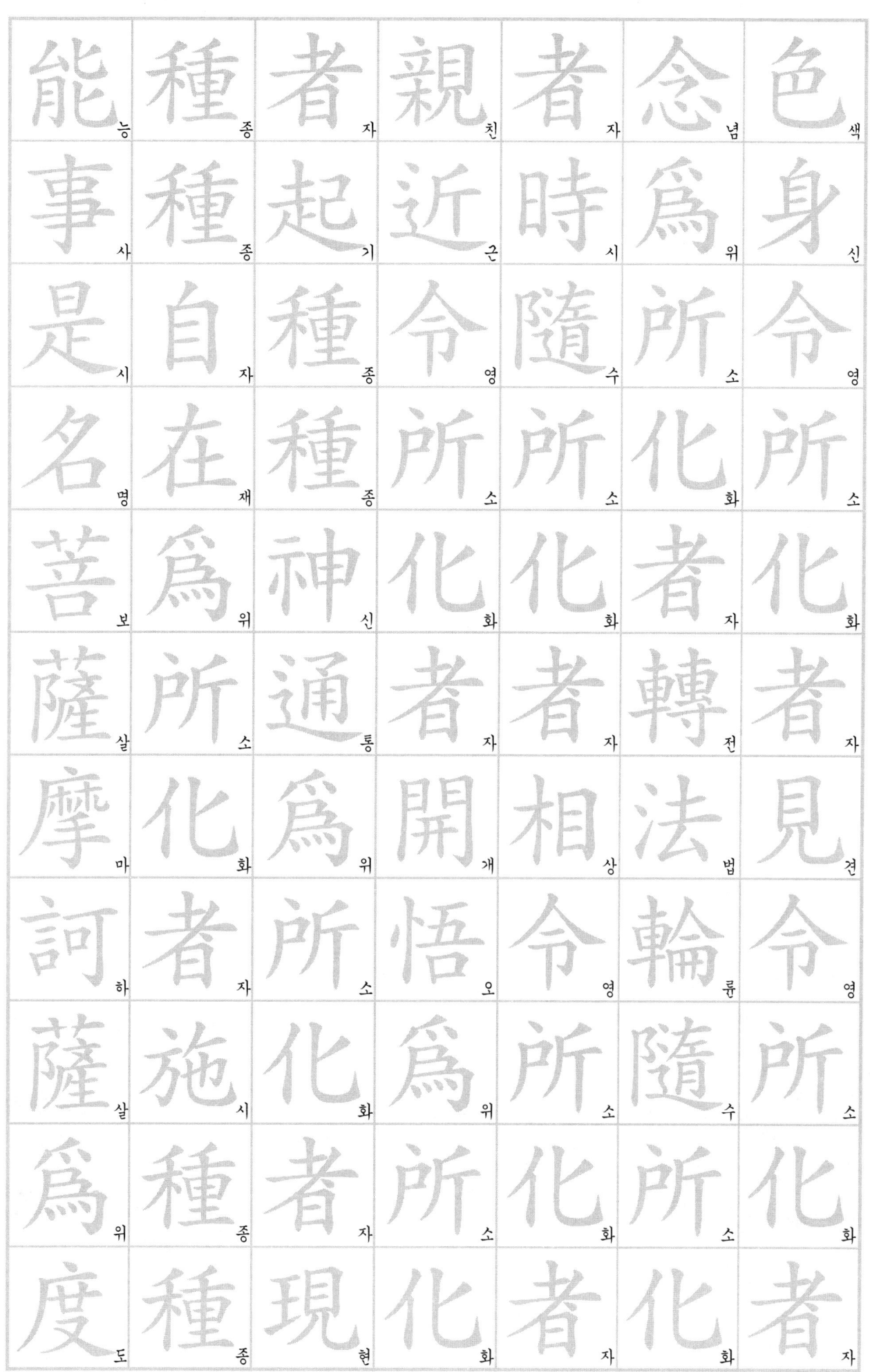

一切衆生故勤修成就第八
일체중생고근수성취제팔

無數色身智神通
무수색신지신통

佛子菩薩摩訶薩以一切
불자보살마하살이일체

法智通知一切法無有名字
법지통지일체법무유명자

無有種性無來無去非異非
무유종성무래무거비이비

不異非種種非不種種非二
불이비종종비불종종비이

非不二無我無比不生不滅
비불이무아무비불생불멸

사경의 공덕은 십만억 부처님께 공양한 것과 같은 공덕이 있습니다.

不(부)動(동)不(불)壞(괴)無(무)實(실)無(무)虛(허)一(일)相(상)無(무)
相(상)非(비)無(무)非(비)有(유)非(비)法(법)非(비)非(비)法(법)不(불)
隨(수)於(어)俗(속)非(비)不(불)隨(수)俗(속)非(비)業(업)非(비)非(비)
業(업)非(비)報(보)非(비)非(비)報(보)非(비)有(유)爲(위)非(비)無(무)
爲(위)非(비)第(제)一(일)義(의)非(비)不(불)第(제)一(일)義(의)非(비)
道(도)非(비)非(비)道(도)非(비)出(출)離(리)非(비)不(불)出(출)離(리)
非(비)量(량)非(비)無(무)量(량)非(비)世(세)間(간)非(비)出(출)世(세)

間(간)非(비)從(종)因(인)生(생)非(비)不(불)從(종)因(인)生(생)非(비)
決(결)定(정)非(비)不(불)決(결)定(정)非(비)成(성)就(취)非(비)不(불)
成(성)就(취)非(비)出(출)非(비)不(불)出(출)非(비)分(분)別(별)非(비)
不(불)分(분)別(별)非(비)如(여)理(리)非(비)不(불)如(여)理(리)
此(차)菩(보)薩(살)不(불)取(취)世(세)俗(속)諦(제)不(부)住(주)
第(제)一(일)義(의)不(불)分(분)別(별)諸(제)法(법)不(불)建(건)立(립)
文(문)字(자)隨(수)順(순)寂(적)滅(멸)性(성)不(불)捨(사)一(일)切(체)

出 출	清 청	說 설	次 차	以 이	法 법	願 원
生 생	淨 정	皆 개	第 제	方 방	雨 우	見 견
文 문	能 능	得 득	開 개	便 편	雖 수	義 의
字 자	於 어	善 선	演 연	無 무	知 지	知 지
與 여	一 일	巧 교	以 이	盡 진	實 실	法 법
法 법	切 체	大 대	於 어	辯 변	相 상	興 흥
與 여	離 리	慈 자	諸 제	才 재	不 불	布 포
義 의	文 문	大 대	法 법	隨 수	可 가	法 법
隨 수	字 자	悲 비	言 언	法 법	言 언	雲 운
順 순	法 법	悉 실	辭 사	隨 수	說 설	降 강
無 무	中 중	已 이	辯 변	義 의	而 이	霔 주

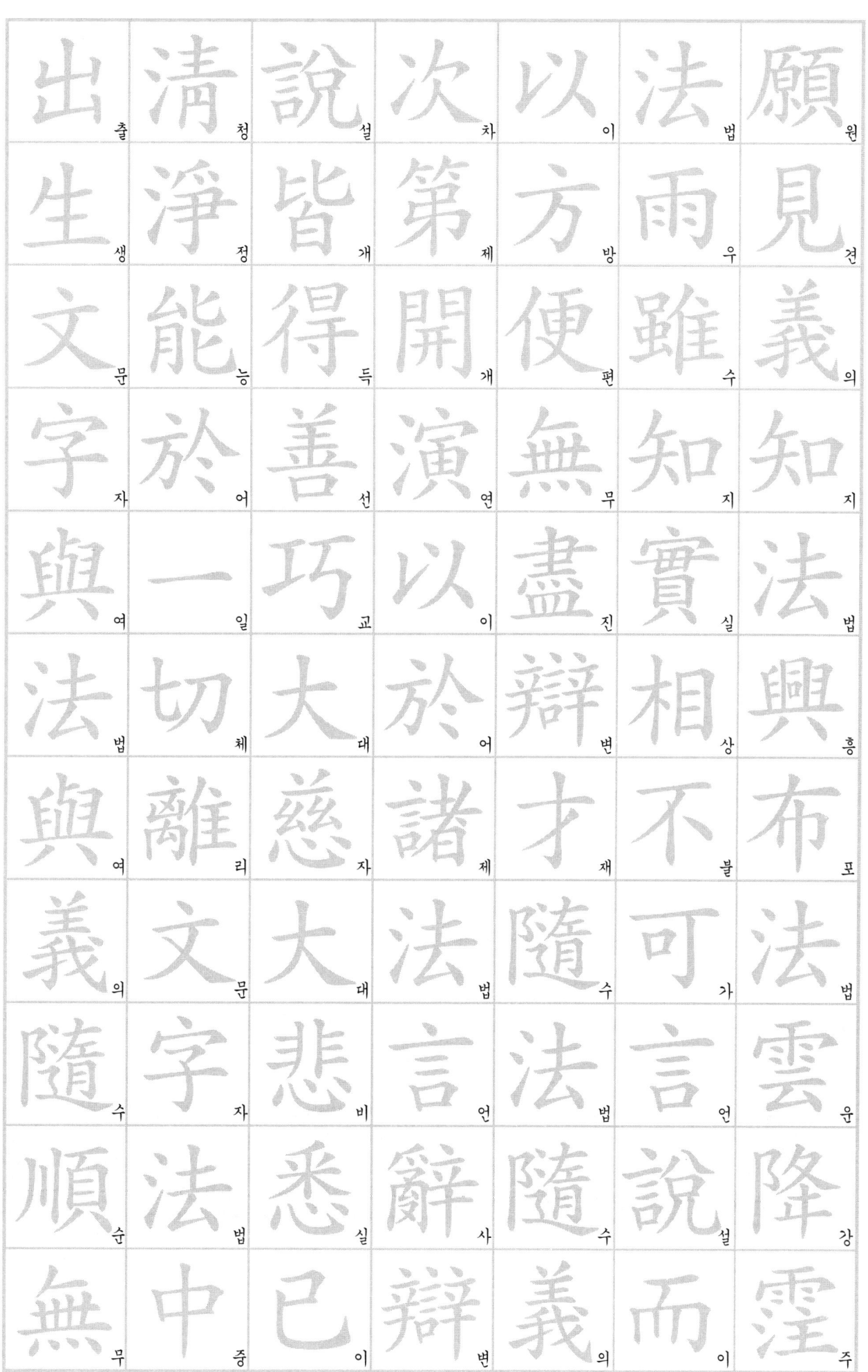

違위 爲위 說설 諸제 法법 悉실 從종 緣연 起기 雖수 有유

言언 說설 而이 無무 所소 著착 演연 一일 切체 法법 辯변

才재 無무 盡진 分분 別별 安안 立립 開개 發발 示시 導도

令영 諸제 法법 性성 具구 足족 明명 顯현 斷단 衆중 疑의

網망 悉실 得득 淸청 淨정 雖수 攝섭 衆중 生생 不불 捨사

眞진 實실 於어 不불 二이 法법 而이 無무 退퇴 轉전 常상

能능 演연 說설 無무 礙애 法법 門문 以이 衆중 妙묘 音음

隨衆生心普雨法雨而不失
수중생심보우법우이불실

時是名菩薩摩訶薩第九一
시시명보살마하살제구일

切法智神通
체법지신통

佛子菩薩摩訶薩以一切
불자보살마하살이일체

法滅盡三昧智通於念念中
법멸진삼매지통어념념중

入一切法滅盡三昧亦不退
입일체법멸진삼매역불퇴

菩薩道不捨菩薩事不捨大
보살도불사보살사불사대

慈大悲心修習波羅蜜未嘗
자대비심수습바라밀미상

休息觀察一切佛國土無有
휴식관찰일체불국토무유

厭倦不捨度衆生願不斷轉
염권불사도중생원부단전

法輪事不廢教化衆生業不
법륜사불폐교화중생업불

捨供養諸佛行不捨一切法
사공양제불행불사일체법

自在門不捨常見一切佛不
자재문불사상견일체불불

捨常聞一切法知一切法平
사상문일체법지일체법평

사경의 공덕은 십만억 부처님께 공양한 것과 같은 공덕이 있습니다.

俗 속	皆 개	一 일	彼 피	切 체	所 소	等 등
方 방	從 종	切 체	岸 안	國 국	有 유	無 무
便 편	緣 연	法 법	能 능	土 토	勝 승	礙 애
演 연	起 기	了 요	於 어	差 차	願 원	自 자
說 설	無 무	法 법	彼 피	別 별	皆 개	在 재
雖 수	有 유	無 무	彼 피	入 입	得 득	成 성
於 어	體 체	相 상	諸 제	佛 불	圓 원	就 취
諸 제	性 성	知 지	世 세	種 종	滿 만	一 일
法 법	然 연	一 일	界 계	性 성	了 요	切 체
心 심	隨 수	切 체	中 중	到 도	知 지	佛 불
無 무	世 세	法 법	學 학	於 어	一 일	法 법

所住然順衆生諸根欲樂方
소주연순중생제근욕락방

便爲說種種諸法
편위설종종제법

此菩薩一住三昧時隨其心
차보살일주삼매시수기심

樂或住一劫或住百劫或住
락혹주일겁혹주백겁혹주

千劫或住億劫或住百億劫
천겁혹주억겁혹주백억겁

或住千億劫或住百千億劫
혹주천억겁혹주백천억겁

或住那由他億劫或住百那
혹주나유타억겁혹주백나

由他億劫或住千那由他億
유타억겁혹주천나유타억

劫或住百千那由他億劫或
겁혹주백천나유타억겁혹

住無數劫或住無量劫乃至
주무수겁혹주무량겁내지

或住不可說不可說劫
혹주불가설불가설겁

菩薩入此一切法滅盡三
보살입차일체법멸진삼

昧雖復經於爾所劫住而身
매수부경어이소겁주이신

不離散不羸瘦不變異非見
불리산불리수불변이비견

非(비)不(불)見(견)不(불)滅(멸)不(불)壞(괴)不(불)疲(피)不(불)懈(해)
不(불)可(가)盡(진)竭(갈)雖(수)於(어)有(유)於(어)無(무)悉(실)無(무)
所(소)作(작)而(이)能(능)成(성)辨(판)諸(제)菩(보)薩(살)事(사)所(소)
謂(위)恒(항)不(불)捨(사)離(리)一(일)切(체)衆(중)生(생)敎(교)化(화)
調(조)伏(복)未(미)曾(증)失(실)時(시)令(영)其(기)增(증)長(장)一(일)
切(체)佛(불)法(법)於(어)菩(보)薩(살)行(행)悉(실)得(득)圓(원)滿(만)
爲(위)欲(욕)利(이)益(익)一(일)切(체)衆(중)生(생)神(신)通(통)變(변)

사경의 공덕은 십만억 부처님께 공양한 것과 같은 공덕이 있습니다.

化(화) 無(무) 有(유) 休(휴) 息(식) 譬(비) 如(여) 光(광) 影(영) 普(보) 現(현)
一(일) 切(체) 而(이) 於(어) 三(삼) 昧(매) 寂(적) 然(연) 不(부) 動(동) 是(시)
爲(위) 菩(보) 薩(살) 摩(마) 訶(하) 薩(살) 入(입) 一(일) 切(체) 法(법) 滅(멸)
盡(진) 三(삼) 昧(매) 智(지) 神(신) 通(통)
佛(불) 子(자) 菩(보) 薩(살) 摩(마) 訶(하) 薩(살) 住(주) 於(어) 如(여)
是(시) 十(십) 種(종) 神(신) 通(통) 一(일) 切(체) 天(천) 人(인) 不(불) 能(능)
思(사) 議(의) 一(일) 切(체) 衆(중) 生(생) 不(불) 能(능) 思(사) 議(의) 一(일)

切聲聞一切獨覺及餘一切
체성문일체독각급여일체

諸菩薩衆如是皆悉不能思
제보살중여시개실불능사

議此菩薩身業不可思議語
의차보살신업불가사의어

業不可思議意業不可思議
업불가사의의업불가사의

三昧自在不可思議智慧境
삼매자재불가사의지혜경

界不可思議唯除諸佛及有
계불가사의유제제불급유

得此神通菩薩餘無能說此
득차신통보살여무능설차

人功德稱揚讚歎佛子是爲
인공덕칭양찬탄불자시위

菩薩摩訶薩十種神通若菩
보살마하살십종신통약보

薩摩訶薩住此十神通悉得一
살마하살주차십신통실득일

切三世無礙智神通
체삼세무애지신통

十忍品第二十九
십인품제이십구

爾時普賢菩薩告諸菩薩
이시보현보살고제보살

言佛子菩薩摩訶薩有十種
언불자보살마하살유십종

忍若得此忍則得到於一切
인약득차인즉득도어일체

菩薩無礙忍地一切佛法無
보살무애인지일체불법무

礙無盡何者爲十所謂音聲
애무진하자위십소위음성

忍順忍無生法忍如幻忍如
인순인무생법인여환인여

焰忍如夢忍如響忍如影忍
염인여몽인여향인여영인

如化忍如空忍此十種忍三
여화인여공인차십종인삼

사경의 공덕은 십만억 부처님께 공양한 것과 같은 공덕이 있습니다.

世(세) 諸(제) 佛(불) 已(이) 說(설) 今(금) 說(설) 當(당) 說(설)
佛(불) 子(자) 云(운) 何(하) 爲(위) 菩(보) 薩(살) 摩(마) 訶(하) 薩(살)
音(음) 聲(성) 忍(인) 謂(위) 聞(문) 諸(제) 佛(불) 所(소) 說(설) 之(지) 法(법)
不(불) 驚(경) 不(불) 怖(포) 不(불) 畏(외) 深(심) 信(신) 悟(오) 解(해) 愛(애)
樂(락) 趣(취) 向(향) 專(전) 心(심) 憶(억) 念(념) 修(수) 習(습) 安(안) 住(주)
是(시) 名(명) 菩(보) 薩(살) 摩(마) 訶(하) 薩(살) 第(제) 一(일) 音(음) 聲(성)
忍(인)

佛(불)子(자)云(운)何(하)爲(위)菩(보)薩(살)摩(마)訶(하)薩(살)
順(순)忍(인)謂(위)於(어)諸(제)法(법)思(사)惟(유)觀(관)察(찰)平(평)
等(등)無(무)違(위)隨(수)順(순)了(요)知(지)令(영)心(심)淸(청)淨(정)
正(정)住(주)修(수)習(습)趣(취)入(입)成(성)就(취)是(시)名(명)菩(보)
薩(살)摩(마)訶(하)薩(살)第(제)二(이)順(순)忍(인)

佛(불)子(자)云(운)何(하)爲(위)菩(보)薩(살)摩(마)訶(하)薩(살)
無(무)生(생)法(법)忍(인)佛(불)子(자)此(차)菩(보)薩(살)摩(마)訶(하)

薩(살)不(불)見(견)有(유)少(소)法(법)生(생)亦(역)不(불)見(견)有(유)
少(소)法(법)滅(멸)何(하)以(이)故(고)若(약)無(무)生(생)則(즉)無(무)
滅(멸)若(약)無(무)滅(멸)則(즉)無(무)盡(진)若(약)無(무)盡(진)則(즉)
離(리)垢(구)若(약)離(리)垢(구)則(즉)無(무)差(차)別(별)若(약)無(무)
差(차)別(별)則(즉)無(무)處(처)所(소)若(약)無(무)處(처)所(소)則(즉)
寂(적)靜(정)若(약)寂(적)靜(정)則(즉)離(리)欲(욕)若(약)離(리)欲(욕)
則(즉)無(무)作(작)若(약)無(무)作(작)則(즉)無(무)願(원)若(약)無(무)

願則無住若無住則無去無
원즉무주약무주즉무거무

來是名菩薩摩訶薩第三無
래시명보살마하살제삼무

生法忍
생법인

佛子云何爲菩薩摩訶薩
불자운하위보살마하살

如幻忍佛子此菩薩摩訶薩
여환인불자차보살마하살

知一切法皆悉如幻從因緣
지일체법개실여환종인연

起於一法中解多法於多法
기어일법중해다법어다법

中解一法此菩薩知諸法如
幻已了達國土了達衆生了
達法界了達世間平等了達
佛出現平等了達三世平等
成就種種神通變化
譬如幻非象非馬非車非
步非男非女非童男非童女

量 량	廣 광	非 비	非 비	非 비	水 수	非 비
非 비	非 비	亂 란	百 백	月 월	非 비	樹 수
麤 추	狹 협	非 비	年 년	非 비	火 화	非 비
非 비	非 비	純 순	非 비	半 반	非 비	葉 엽
細 세	多 다	非 비	一 일	月 월	風 풍	非 비
非 비	非 비	雜 잡	劫 겁	非 비	非 비	華 화
是 시	少 소	非 비	非 비	一 일	晝 주	非 비
一 일	非 비	一 일	多 다	月 월	非 비	果 과
切 체	量 량	非 비	劫 겁	非 비	夜 야	非 비
種 종	非 비	異 이	非 비	一 일	非 비	地 지
種 종	無 무	非 비	定 정	年 년	日 일	非 비

衆物種種非幻幻非種種然
由幻故示現種種差別之事
菩薩摩訶薩亦復如是觀一
切世間如幻所謂業世間煩
惱世間國土世間法世間時
世間趣世間成世間壞世間
運動世間造作世間

사경의 공덕은 십만억 부처님께 공양한 것과 같은 공덕이 있습니다.

菩(보)薩(살)摩(마)訶(하)薩(살)觀(관)一(일)切(체)世(세)間(간)

如(여)幻(환)時(시)不(불)見(견)衆(중)生(생)生(생)不(불)見(견)衆(중)

生(생)滅(멸)不(불)見(견)國(국)土(토)生(생)不(불)見(견)國(국)土(토)

滅(멸)不(불)見(견)諸(제)法(법)生(생)不(불)見(견)諸(제)法(법)滅(멸)

不(불)見(견)過(과)去(거)可(가)分(분)別(별)不(불)見(견)未(미)來(래)

有(유)起(기)作(작)不(불)見(견)現(현)在(재)一(일)念(념)住(주)不(불)

觀(관)察(찰)菩(보)提(리)不(불)分(분)別(별)菩(보)提(리)不(불)見(견)

佛出現不見佛涅槃不見住 (불출현불견불열반불견주)

大願不見入正住不出平等 (대원불견입정주불출평등)

性 (성)

是菩薩雖成就佛國土知 (시보살수성취불국토지)

國土無差別雖成就衆生界 (국토무차별수성취중생계)

知衆生無差別雖普觀法界 (지중생무차별수보관법계)

而安住法性寂然不動雖達 (이안주법성적연부동수달)

사경의 공덕은 십만억 부처님께 공양한 것과 같은 공덕이 있습니다.

三世平等而不違分別三世
삼세평등이불위분별삼세

法雖成就蘊處而永斷所依
법수성취온처이영단소의

雖度脫衆生而了知法界平
수도탈중생이료지법계평

等無種種差別雖知一切法
등무종종차별수지일체법

遠離文字不可言說而常說
원리문자불가언설이상설

法辯才無盡雖不取著化衆
법변재무진수불취착화중

生事不捨大悲爲度一切
생사불사대비위도일체

사경의 공덕은 십만억 부처님께 공양한 것과 같은 공덕이 있습니다.

轉於法輪雖爲開示過去因
전어법륜수위개시과거인

緣而知因緣性無有動轉是
연이지인연성무유동전시

名菩薩摩訶薩第四如幻忍
명보살마하살제사여환인

佛子云何爲菩薩摩訶薩
불자운하위보살마하살

如焰忍佛子此菩薩摩訶薩
여염인불자차보살마하살

知一切世間同於陽焰譬如
지일체세간동어양염비여

陽焰無有方所非內非外非
양염무유방소비내비외비

有非無非斷非常非一色非
유비무비단비상비일색비

種種色亦非無色但隨世間
종종색역비무색단수세간

言說顯示菩薩如是如實觀
언설현시보살여시여실관

察了知諸法現證一切令得
찰료지제법현증일체영득

圓滿是名菩薩摩訶薩第五
원만시명보살마하살제오

如焰忍
여염인

佛子云何爲菩薩摩訶薩
불자운하위보살마하살

如夢忍佛子此菩薩摩訶薩
여몽인불자차보살마하살

知一切世間如夢譬如夢非
지일체세간여몽비여몽비

世間非離世間非欲界非色
세간비리세간비욕계비색

界非無色界非生非沒非染
계비무색계비생비몰비염

非淨而有示現菩薩摩訶薩
비정이유시현보살마하살

亦復如是知一切世間悉同
역부여시지일체세간실동

於夢無有變異故如夢自性
어몽무유변이고여몽자성

故(고)如(여)夢(몽)執(집)著(착)故(고)如(여)夢(몽)性(성)離(리)故(고)
如(여)夢(몽)本(본)性(성)故(고)如(여)夢(몽)所(소)現(현)故(고)如(여)
夢(몽)無(무)差(차)別(별)故(고)如(여)夢(몽)想(상)分(분)別(별)故(고)
如(여)夢(몽)覺(각)時(시)故(고)是(시)名(명)菩(보)薩(살)摩(마)訶(하)
薩(살)第(제)六(육)如(여)夢(몽)忍(인)
佛(불)子(자)云(운)何(하)爲(위)菩(보)薩(살)摩(마)訶(하)薩(살)
如(여)響(향)忍(인)佛(불)子(자)此(차)菩(보)薩(살)摩(마)訶(하)薩(살)

聞佛說法觀諸法性修學成
就到於彼岸知一切音聲悉
同於響無來無去如是示現
佛子此菩薩摩訶薩觀如
來聲不從內出不從外出亦
不從於內外而出雖了此聲
非內非外非內外出而能示

現善巧名句成就演說譬如
현선교명구성취연설비여

谷響從緣所起而與法性無
곡향종연소기이여법성무

有相違令諸衆生隨類各解
유상위영제중생수류각해

而得修學如帝釋夫人阿修
이득수학여제석부인아수

羅女名曰舍支於一音中出
라녀명왈사지어일음중출

千種音亦不心念令如是出
천종음역불심념영여시출

菩薩摩訶薩亦復如是入無
보살마하살역부여시입무

分(분)別(별)界(계)成(성)就(취)善(선)巧(교)隨(수)類(류)之(지)音(음)
於(어)無(무)邊(변)世(세)界(계)中(중)恒(항)轉(전)法(법)輪(륜)
此(차)菩(보)薩(살)善(선)能(능)觀(관)察(찰)一(일)切(체)衆(중)
生(생)以(이)廣(광)長(장)舌(설)相(상)而(이)爲(위)演(연)說(설)其(기)
聲(성)無(무)礙(애)徧(변)十(시)方(방)土(토)令(령)隨(수)所(소)宜(의)
聞(문)法(법)各(각)異(이)雖(수)知(지)聲(성)無(무)起(기)而(이)普(보)
現(현)音(음)聲(성)雖(수)知(지)無(무)所(소)說(설)而(이)廣(광)說(설)

諸(제)法(법)妙(묘)音(음)平(평)等(등)隨(수)類(류)各(각)解(해)悉(실)
以(이)智(지)慧(혜)而(이)能(능)了(료)達(달)是(시)名(명)菩(보)薩(살)
摩(마)訶(하)薩(살)第(제)七(칠)如(여)響(향)忍(인)
佛(불)子(자)云(운)何(하)爲(위)菩(보)薩(살)摩(마)訶(하)薩(살)
如(여)影(영)忍(인)佛(불)子(자)此(차)菩(보)薩(살)摩(마)訶(하)薩(살)
非(비)於(어)世(세)間(간)生(생)非(비)於(어)世(세)間(간)沒(몰)非(비)
在(재)世(세)間(간)內(내)非(비)在(재)世(세)間(간)外(외)行(행)

切 체	大 대	出 출	非 비	間 간	世 세	於 어
佛 불	願 원	世 세	不 불	非 비	間 간	世 세
法 법	非 비	間 간	住 주	不 불	非 비	間 간
而 이	實 실	非 비	於 어	往 왕	異 이	非 비
能 능	非 비	修 수	世 세	世 세	於 어	不 불
辨 판	不 불	菩 보	間 간	間 간	世 세	行 행
一 일	實 실	薩 살	非 비	非 비	間 간	世 세
切 체	雖 수	行 행	是 시	住 주	非 비	間 간
世 세	常 상	非 비	世 세	於 어	往 왕	非 비
間 간	行 행	捨 사	間 간	世 세	於 어	同 동
事 사	一 일	於 어	非 비	間 간	世 세	於 어

不(불)隨(수)世(세)間(간)流(류)亦(역)不(부)住(주)法(법)流(류)譬(비)
如(여)日(일)月(월)男(남)子(자)女(녀)人(인)舍(사)宅(택)山(산)林(림)
河(하)泉(천)等(등)物(물)於(어)油(유)於(어)水(수)於(어)身(신)於(어)
寶(보)於(어)明(명)鏡(경)等(등)清(청)淨(정)物(물)中(중)而(이)現(현)
其(기)影(영)影(영)與(여)油(유)等(등)非(비)一(일)非(비)異(이)非(비)
離(리)非(비)合(합)
於(어)川(천)流(류)中(중)亦(역)不(불)漂(표)度(도)於(어)池(지)

井內亦不沈沒雖現其中無
(정 내 역 불 침 몰 수 현 기 중 무)

所染著然諸衆生知於此處
(소 염 착 연 제 중 생 지 어 차 처)

有是影現亦知彼處無如是
(유 시 영 현 역 지 피 처 무 여 시)

影遠物近物雖皆影現影不
(영 원 물 근 물 수 개 영 현 영 불)

隨物而有近遠菩薩摩訶薩
(수 물 이 유 근 원 보 살 마 하 살)

亦復如是能知自身及以他
(역 부 여 시 능 지 자 신 급 이 타)

身一切皆是智之境界不作
(신 일 체 개 시 지 지 경 계 부 작)

二(이)解(해)謂(위)自(자)他(타)別(별)而(이)於(어)自(자)國(국)土(토)
於(어)他(타)國(국)土(토)各(각)各(각)差(차)別(별)一(일)時(시)普(보)
現(현)如(여)種(종)子(자)中(중)無(무)有(유)根(근)芽(아)莖(경)節(절)
枝(지)葉(엽)而(이)能(능)生(생)起(기)如(여)是(시)等(등)事(사)菩(보)
薩(살)摩(마)訶(하)薩(살)亦(역)復(부)如(여)是(시)於(어)無(무)二(이)
法(법)中(중)分(분)別(별)二(이)相(상)善(선)巧(교)方(방)便(편)通(통)
達(달)無(무)礙(애)是(시)名(명)菩(보)薩(살)摩(마)訶(하)薩(살)第(제)

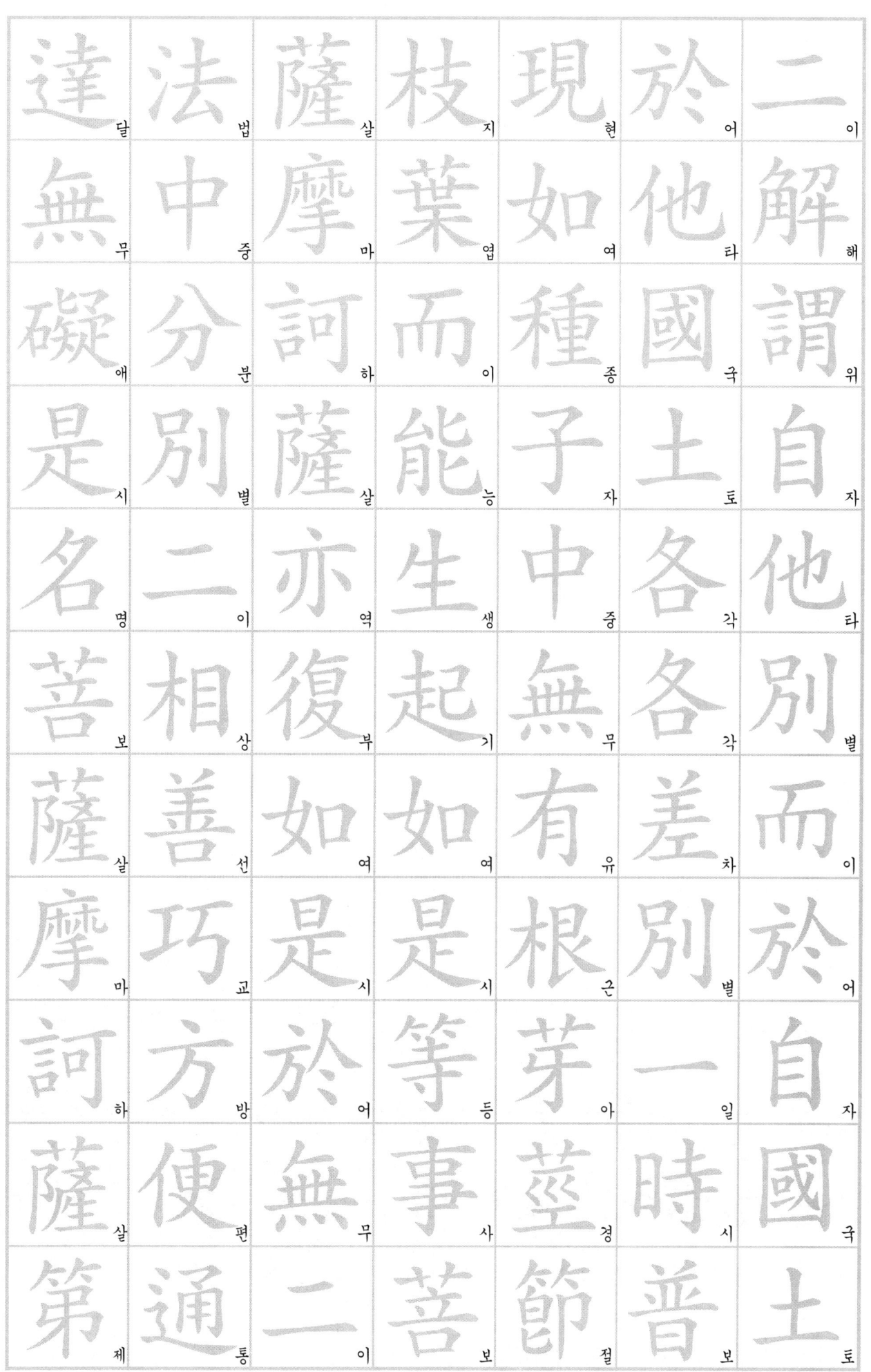

八如影忍

菩薩摩訶薩成就此忍雖
不往詣十方國土而能普現
一切佛刹亦不離此亦不到
彼如影普現所行無礙令諸
衆生見差別身同於世間堅
實之相然此差別卽非差別

別與不別無所障礙此菩薩
별여불별무소장애차보살

從於如來種性而生身語及
종어여래종성이생신어급

意清淨無礙故能獲得無邊
의청정무애고능획득무변

色相清淨之身
색상청정지신

佛子云何爲菩薩摩訶薩
불자운하위보살마하살

如化忍佛子此菩薩摩訶薩
여화인불자차보살마하살

知一切世間皆悉如化所謂
지일체세간개실여화소위

一切衆生意業化覺想所起
일체중생의업화각상소기

故一切世間諸行化分別所
고일체세간제행화분별소

起故一切苦樂顚倒化妄取
기고일체고락전도화망취

所起故一切世間不實法化
소기고일체세간부실법화

言說所現故一切煩惱分別
언설소현고일체번뇌분별

化想念所起故復有淸淨調
화상념소기고부유청정조

伏化無分別所現故於三世
복화무분별소현고어삼세

不(부)轉(전)化(화)無(무)生(생)平(평)等(등)故(고)菩(보)薩(살)願(원)
力(력)化(화)廣(광)大(대)修(수)行(행)故(고)如(여)來(래)大(대)悲(비)
化(화)方(방)便(편)示(시)現(현)故(고)轉(전)法(법)輪(륜)方(방)便(편)
化(화)智(지)慧(혜)無(무)畏(외)辯(변)才(재)所(소)說(설)故(고)
菩(보)薩(살)如(여)是(시)了(료)知(지)世(세)間(간)出(출)世(세)
間(간)化(화)現(현)證(증)知(지)廣(광)大(대)知(지)無(무)邊(변)知(지)
如(여)事(사)知(지)自(자)在(재)知(지)眞(진)實(실)知(지)非(비)虛(허)

妄見所能傾動隨世所行亦
망견소능경동수세소행역

不失壞譬如化不從心起不
불실괴비여화부종심기부

從心法起不從業起不受果
종심법기부종업기불수과

報非世間生非世間滅不可
보비세간생비세간멸불가

隨逐不可攬觸非久住非須
수축불가람촉비구주비수

臾住非行世間非離世間不
유주비행세간비리세간부

專繫一方不普屬諸方非有
전계일방불보속제방비유

量非無量不厭不息非不厭 (량비무량불염불식비불염)
息非凡非聖非染非淨非生 (식비범비성비염비정비생)
非死非智非愚非見非不見 (비사비지비우비견비불견)
非依世間非入法界非黠慧 (비의세간비입법계비힐혜)
非遲鈍非取非不取非生死 (비지둔비취비불취비생사)
非涅槃非有非無有 (비열반비유비무유)
菩薩如是善巧方便行於 (보살여시선교방편행어)

世間修菩薩道了知世法分 (세간수보살도료지세법분)
身化往不着世間不取自身 (신화왕불착세간불취자신)
於世於身無所分別不住世 (어세어신무소분별부주세)
間不離世間不住於法不離 (간불리세간부주어법불리)
於法以本願故不棄捨一衆 (어법이본원고불기사일중)
生界不調伏少衆生界不分 (생계부조복소중생계불분)
別法非不分別法知諸法性 (별법비불분별법지제법성)

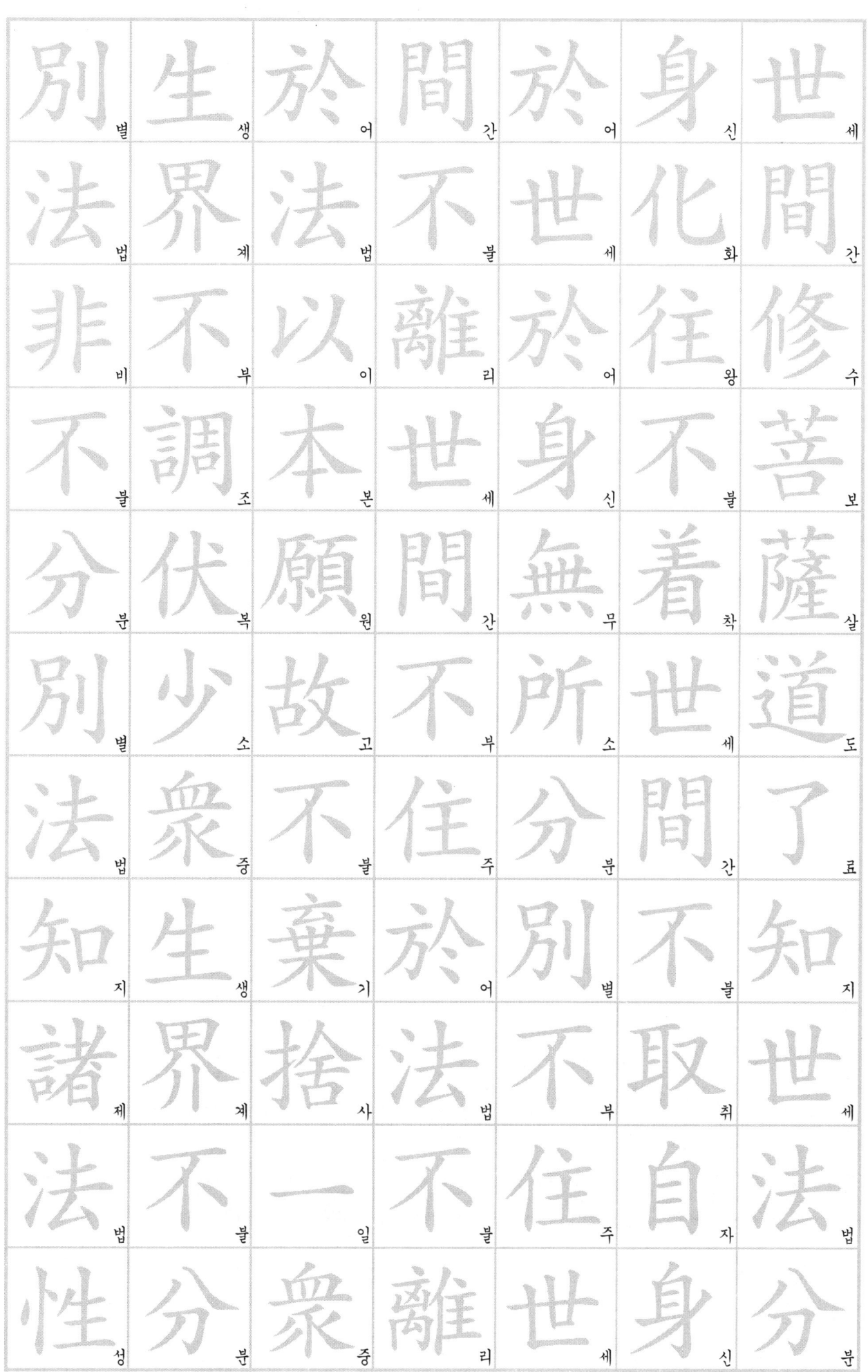

無來無去雖無所有而有滿足
무래무거수무소유이유만족

佛法了法如化非有非無
불법요법여화비유비무

佛子菩薩摩訶薩如是安
불자보살마하살여시안

住如化忍時悉能滿足一切
주여화인시실능만족일체

諸佛菩提之道利益衆生是
제불보리지도이익중생시

名菩薩摩訶薩第九如化忍
명보살마하살제구여화인

菩薩摩訶薩成就此忍凡有
보살마하살성취차인범유

所作悉同於化譬如化土於
소작실동어화비여화토어

一切佛剎無所依住於一切
일체불찰무소의주어일체

世間無所取着於一切佛法
세간무소취착어일체불법

不生分別而趣佛菩提無有
불생분별이취불보리무유

懈倦修菩薩行離諸顚倒雖
해권수보살행이제전도수

無有身而現一切身雖無所
무유신이현일체신수무소

住而住衆國土雖無有色而
주이주중국토수무유색이

普(보) 現(현) 衆(중) 色(색) 雖(수) 不(불) 著(착) 實(실) 際(제) 而(이) 明(명)

照(조) 法(법) 性(성) 平(평) 等(등) 圓(원) 滿(만)

佛(불) 子(자) 此(차) 菩(보) 薩(살) 摩(마) 訶(하) 薩(살) 於(어) 一(일)

切(체) 法(법) 無(무) 所(소) 依(의) 止(지) 名(명) 解(해) 脫(탈) 者(자) 一(일)

切(체) 過(과) 失(실) 悉(실) 皆(개) 捨(사) 離(리) 名(명) 調(조) 伏(복) 者(자)

不(부) 動(동) 不(부) 轉(전) 普(보) 入(입) 一(일) 切(체) 如(여) 來(래) 衆(중)

會(회) 名(명) 神(신) 通(통) 者(자) 於(어) 無(무) 生(생) 法(법) 已(이) 得(득)

善巧名無退者具一切力須
선교명무퇴자구일체력수

彌鐵圍不能爲障名無礙者
미철위불능위장명무애자

佛子云何爲菩薩摩訶薩
불자운하위보살마하살

如空忍佛子此菩薩摩訶薩
여공인불자차보살마하살

了一切法界猶如虛空以無
요일체법계유여허공이무

相故一切世界猶如虛空以
상고일체세계유여허공이

無起故一切法猶如虛空以
무기고일체법유여허공이

無(무)二(이)故(고)一(일)切(체)衆(중)生(생)行(행)猶(유)如(여)虛(허)

空(공)無(무)所(소)行(행)故(고)一(일)切(체)佛(불)猶(유)如(여)虛(허)

空(공)無(무)分(분)別(별)故(고)一(일)切(체)佛(불)力(력)猶(유)如(여)

虛(허)空(공)無(무)差(차)別(별)故(고)一(일)切(체)禪(선)定(정)猶(유)

如(여)虛(허)空(공)三(삼)際(제)平(평)等(등)故(고)所(소)說(설)一(일)

切(체)法(법)猶(유)如(여)虛(허)空(공)不(불)可(가)言(언)說(설)故(고)

一(일)切(체)佛(불)身(신)猶(유)如(여)虛(허)空(공)無(무)着(착)無(무)

礙故菩薩如是以如虛空方
애고보살여시이여허공방

便了一切法皆無所有
편요일체법개무소유

佛子菩薩摩訶薩以如虛
불자보살마하살이여허

空忍智了一切法時得如虛
공인지요일체법시득여허

空身身業得如虛空語語業
공신신업득여허공어어업

得如虛空意意業譬如虛空
득여허공의의업비여허공

一切法依不生不歿菩薩摩
일체법의불생불몰보살마

訶薩亦復如是一切法身不
生不歿譬如虛空不可破壞
菩薩摩訶薩亦復如是智慧
諸力不可破壞譬如虛空一
切世間之所依止而無所依
菩薩摩訶薩亦復如是一切
諸法之所依止而無所依譬

如虛空無生無滅能持一切
여허공무생무멸능지일체

世間生滅菩薩摩訶薩亦復
세간생멸보살마하살역부

如是無向無得能示向得普
여시무향무득능시향득보

使世間修行清淨譬如虛空
사세간수행청정비여허공

無方無隅而能顯現無邊方
무방무우이능현현무변방

隅菩薩摩訶薩亦復如是無
우보살마하살역부여시무

業無報而能顯示種種業報
업무보이능현시종종업보

사경의 공덕은 십만억 부처님께 공양한 것과 같은 공덕이 있습니다.

譬如虛空非行非住而能示
비여허공비행비주이능시

現種種威儀菩薩摩訶薩亦
현종종위의보살마하살역

復如是非行非住而能分別
부여시비행비주이능분별

一切諸行譬如虛空非色非
일체제행비여허공비색비

非色而能示現種種諸色菩
비색이능시현종종제색보

薩摩訶薩亦復如是非世間
살마하살역부여시비세간

色非出世間色而能示現一
색비출세간색이능시현일

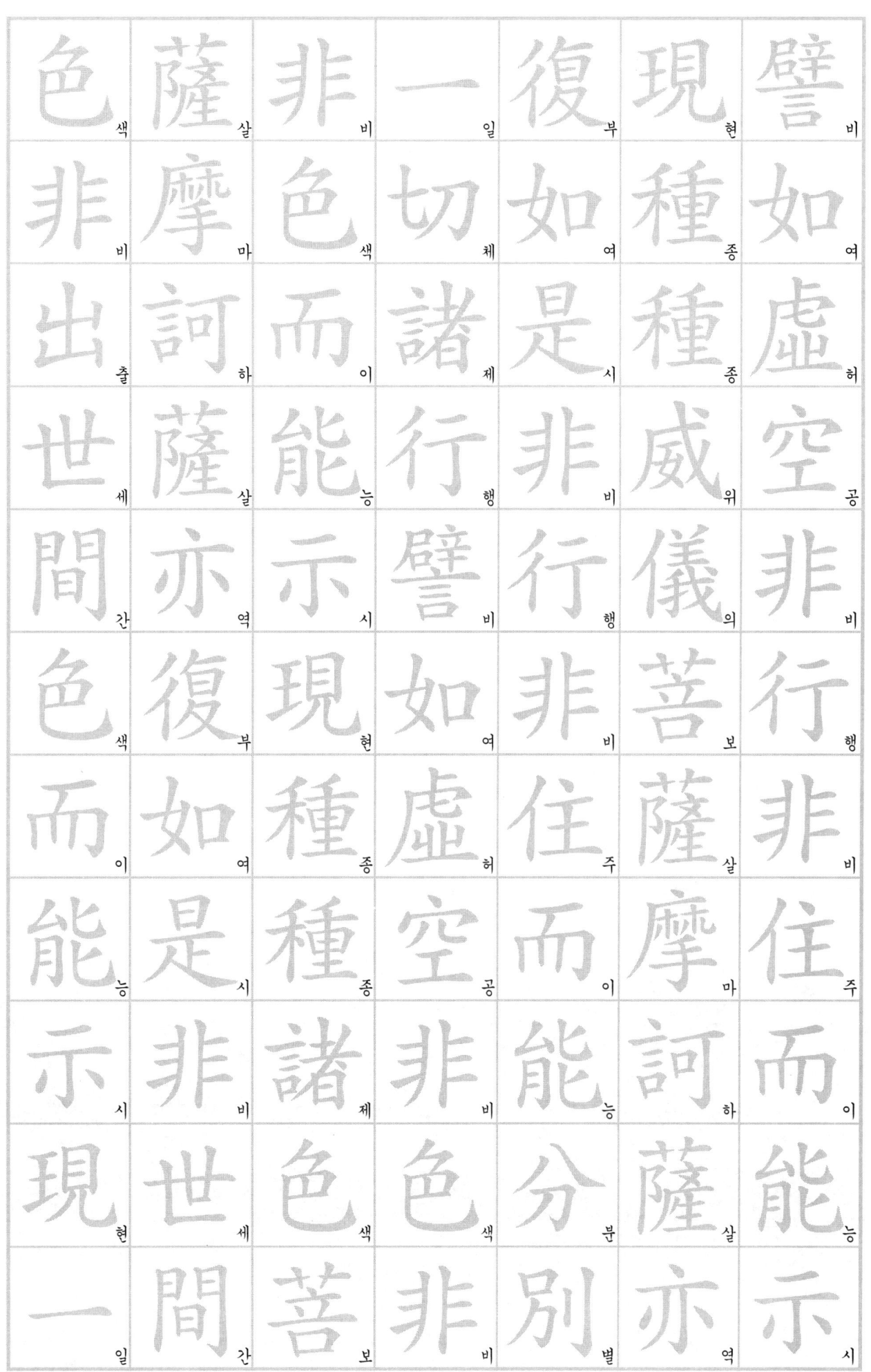

切諸色譬如虛空非久非近
체제색비여허공비구비근

而能久住現一切物菩薩摩
이능구주현일체물보살마

訶薩亦復如是非久非近而
하살역부여시비구비근이

能久住顯示菩薩所行諸行
능구주현시보살소행제행

譬如虛空非淨非穢不離淨
비여허공비정비예불리정

穢菩薩摩訶薩亦復如是非
예보살마하살역부여시비

障非無障不離障無障譬如
장비무장불리장무장비여

虛空一切世間皆現其前非
허공일체세간개현기전비

現一切世間之前菩薩摩訶
현일체세간지전보살마하

薩亦復如是一切諸法皆現
살역부여시일체제법개현

其前非一切諸法之前譬
기전비일체제법지전비

如虛空普入一切而無邊際
여허공보입일체이무변제

菩薩摩訶薩亦復如是普入
보살마하살역부여시보입

諸法菩薩心無有邊際
제법보살심무유변제

何(하)以(이)故(고)菩(보)薩(살)所(소)作(작)如(여)虛(허)空(공)

故(고)謂(위)所(소)有(유)修(수)習(습)所(소)有(유)嚴(엄)淨(정)所(소)

有(유)成(성)就(취)皆(개)悉(실)平(평)等(등)一(일)體(체)一(일)味(미)

一(일)種(종)分(분)量(량)如(여)虛(허)空(공)清(청)淨(정)徧(변)一(일)

切(체)處(처)如(여)是(시)證(증)知(지)一(일)切(체)諸(제)法(법)於(어)

一(일)切(체)法(법)無(무)有(유)分(분)別(별)嚴(엄)淨(정)一(일)切(체)

諸(제)佛(불)國(국)土(토)圓(원)滿(만)一(일)切(체)無(무)所(소)依(의)

身了一切方無有迷惑具一
신요일체방무유미혹구일

切力不可摧壞滿足一切無
체력불가최괴만족일체무

邊功德已到一切甚深法處
변공덕이도일체심심법처

通達一切波羅蜜道普坐一
통달일체바라밀도보좌일

切金剛之座普發一切隨類
체금강지좌보발일체수류

之音爲一切世間轉於法輪
지음위일체세간전어법륜

未曾失時是名菩薩摩訶薩
미증실시시명보살마하살

第十如空忍

菩薩摩訶薩成就此忍得

無來身以無去故得無生身

以無滅故得不動身以無壞

故得不實身離虛妄故得一

相身以無相故得無量身佛

力無量故得平等身同如相

제십여공인
보살마하살성취차인득
무래신이무거고득무생신
이무멸고득부동신이무괴
고득불실신이허망고득일
상신이무상고득무량신불
력무량고득평등신동여상

故(고)得(득)無(무)差(차)別(별)身(신)等(등)觀(관)三(삼)世(세)故(고)

得(득)至(지)一(일)切(체)處(처)身(신)淨(정)眼(안)等(등)照(조)無(무)

障(장)礙(애)故(고)得(득)離(리)欲(욕)際(제)身(신)知(지)一(일)切(체)

法(법)無(무)合(합)散(산)故(고)得(득)虛(허)空(공)無(무)邊(변)際(제)

身(신)福(복)德(덕)藏(장)無(무)盡(진)如(여)虛(허)空(공)故(고)得(득)

無(무)斷(단)無(무)盡(진)法(법)性(성)平(평)等(등)辯(변)才(재)身(신)

知(지)一(일)切(체)法(법)相(상)唯(유)是(시)一(일)相(상)無(무)性(성)

爲性如虛空故得無量無礙
위성여허공고득무량무애

音聲身無所障礙如虛空故
음성신무소장애여허공고

得具足一切善巧淸淨菩薩
득구족일체선교청정보살

行身於一切處皆無障礙如
행신어일체처개무장애여

虛空故得一切佛法海次第
허공고득일체불법해차제

相續身不可斷絶如虛空故
상속신불가단절여허공고

得一切佛刹中現無量佛刹
득일체불찰중현무량불찰

사경의 공덕은 십만억 부처님께 공양한 것과 같은 공덕이 있습니다.

身離諸貪着如虛空無邊故
신이제탐착여허공무변고

得示現一切自在法無休息
득시현일체자재법무휴식

身如虛空大海無邊際故得
신여허공대해무변제고득

一切不可壞堅固勢力身如
일체불가괴견고세력신여

虛空任持一切世間故得諸
허공임지일체세간고득제

根明利如金剛堅固不可壞
근명리여금강견고불가괴

身如虛空一切劫火不能燒
신여허공일체겁화불능소

故得持一切世間力身智慧
고득지일체세간력신지혜

力如虛空故佛子是名菩薩
력여허공고불자시명보살

摩訶薩十種忍
마하살십종인

爾時普賢菩薩摩訶薩欲
이시보현보살마하살욕

重宣其義而說頌言
중선기의이설송언

譬如世有人 聞有寶藏處
비여세유인 문유보장처

以其可得故 心生大歡喜
이기가득고 심생대환희

如是大智慧 (여시대지혜)
聽聞諸佛法 (청문제불법)
聞此深法時 (문차심법시)
不驚亦不怖 (불경역불포)
大士求菩提 (대사구보리)
心淨能堪忍 (심정능감인)
自念以聞此 (자념이문차)

菩薩眞佛子 (보살진불자)
甚深寂滅相 (심심적멸상)
其心得安隱 (기심득안은)
亦不生恐畏 (역불생공외)
聞斯廣大音 (문사광대음)
於此無疑惑 (어차무의혹)
甚深微妙法 (심심미묘법)

安 안	是 시	令 영	以 이	發 발	菩 보	當 당
住 주	故 고	信 신	樂 락	生 생	薩 살	成 성
而 이	聞 문	益 익	菩 보	堅 견	聞 문	一 일
不 부	此 차	增 증	提 리	固 고	此 차	切 체
動 동	音 음	長 장	故 고	意 의	音 음	智 지

修 수	其 기	於 어	其 기	願 원	其 기	天 천
行 행	心 심	法 법	心 심	求 구	心 심	人 인
菩 보	得 득	無 무	漸 점	諸 제	大 대	大 대
薩 살	堪 감	違 위	調 조	佛 불	歡 환	導 도
行 행	忍 인	謗 방	伏 복	法 법	喜 희	師 사

사경의 공덕은 십만억 부처님께 공양한 것과 같은 공덕이 있습니다.

爲求菩提故 (위구보리고)
精進無退轉 (정진무퇴전)
以求菩提道 (이구보리도)
聞法增勇猛 (문법증용맹)
如有大福人 (여유대복인)
隨身所應服 (수신소응복)
菩薩亦如是 (보살역여시)

專行向彼道 (전행향피도)
不捨衆善軛 (불사중선액)
其心無恐畏 (기심무공외)
供佛令歡喜 (공불령환희)
獲得眞金藏 (획득진금장)
造作莊嚴具 (조작장엄구)
聞此甚深義 (문차심심의)

思惟增智海 사유증지해
法有亦順知 법유역순지
隨彼法如是 수피법여시
成就淸淨心 성취청정심
知法從緣起 지법종연기
平等觀諸法 평등관제법
不違佛法藏 불위불법장

以修隨順法 이수수순법
法無亦順知 법무역순지
如是知諸法 여시지제법
明徹大歡喜 명철대환희
勇猛勤修習 용맹근수습
了知其自性 요지기자성
普覺一切法 보각일체법

志樂常堅固 (지락상견고)
不動如須彌 (부동여수미)
以發精進意 (이발정진의)
無量劫勤行 (무량겁근행)
菩薩所入法 (보살소입법)
於此能了知 (어차능료지)
如無等所說 (여무등소설)

嚴淨佛菩提 (엄정불보리)
一心求正覺 (일심구정각)
復修三昧道 (부수삼매도)
未曾有退失 (미증유퇴실)
是佛所行處 (시불소행처)
其心無厭怠 (기심무염태)
平等觀諸法 (평등관제법)

非不平等忍 비불평등인
隨順佛所說 수순불소설
如法而了知 여법이료지
三十三天中 삼십삼천중
共同一器食 공동일기식
所食種種食 소식종종식
如是所修業 여시소수업

能成平等智 능성평등지
成就此忍門 성취차인문
亦不分別法 역불분별법
所有諸天子 소유제천자
所食各不同 소식각부동
不從十方來 부종시방래
自然咸在器 자연함재기

菩薩亦如是 (보살역여시)
悉從因緣起 (실종인연기)
無滅故無盡 (무멸고무진)
於世變異法 (어세변이법)
無異則無處 (무이즉무처)
其心無染着 (기심무염착)
專念於佛法 (전념어불법)

觀察一切法 (관찰일체법)
無生故無滅 (무생고무멸)
無盡故無染 (무진고무염)
了知無變異 (요지무변이)
無處則寂滅 (무처즉적멸)
願度諸群生 (원도제군생)
未嘗有散動 (미상유산동)

而以悲願心 (이이비원심)
勤求於十力 (근구어시력)
無去亦無來 (무거역무래)
此忍最爲上 (차인최위상)
入於眞法界 (입어진법계)
菩薩住此忍 (보살주차인)
同時與授記 (동시여수기)

方便行於世 (방편행어세)
處世而不住 (처세이부주)
方便善說法 (방편선설법)
了法無有盡 (요법무유진)
實亦無所入 (실역무소입)
普見諸如來 (보견제여래)
斯名受佛職 (사명수불직)

了(요)達(달)三(삼)世(세)法(법)
而(이)能(능)化(화)衆(중)生(생)
世(세)間(간)種(종)種(종)法(법)
若(약)能(능)如(여)是(시)知(지)
諸(제)業(업)從(종)心(심)生(생)
若(약)離(리)此(차)分(분)別(별)
譬(비)如(여)工(공)幻(환)師(사)

寂(적)滅(멸)清(청)淨(정)相(상)
置(치)於(어)善(선)道(도)中(중)
一(일)切(체)皆(개)如(여)幻(환)
其(기)心(심)無(무)所(소)動(동)
故(고)說(설)心(심)如(여)幻(환)
普(보)滅(멸)諸(제)有(유)趣(취)
普(보)現(현)諸(제)色(색)像(상)

사경의 공덕은 십만억 부처님께 공양한 것과 같은 공덕이 있습니다.

徒令衆貪樂 도령중탐락
世間亦如是 세간역여시
無性亦無生 무성역무생
度脫諸衆生 도탈제중생
衆生不異幻 중생불이환
衆生及國土 중생급국토
如是悉無餘 여시실무여

畢竟無所得 필경무소득
一切皆如幻 일체개여환
示現有種種 시현유종종
令知法如幻 영지법여환
了幻無衆生 요환무중생
三世所有法 삼세소유법
一切皆如幻 일체개여환

幻作男女形 (환작남녀형)
屋宅池泉類 (옥택지천류)
幻物無知覺 (환물무지각)
畢竟寂滅相 (필경적멸상)
菩薩能如是 (보살능여시)
有無一切法 (유무일체법)
衆生及國土 (중생급국토)

及象馬牛羊 (급상마우양)
園林華果等 (원림화과등)
亦無有住處 (역무유주처)
但隨分別現 (단수분별현)
普見諸世間 (보견제세간)
了達悉如幻 (요달실여환)
種種業所造 (종종업소조)

入(입)於(어)如(여)幻(환)際(제)
如(여)是(시)得(득)善(선)巧(교)
住(주)於(어)無(무)礙(애)地(지)
勇(용)猛(맹)諸(제)佛(불)子(자)
善(선)觀(관)一(일)切(체)想(상)
衆(중)想(상)如(여)陽(양)焰(염)
菩(보)薩(살)善(선)知(지)想(상)

於(어)彼(피)無(무)所(소)着(착)
寂(적)滅(멸)無(무)戲(희)論(론)
普(보)現(현)大(대)威(위)力(력)
隨(수)順(순)入(입)妙(묘)法(법)
纏(전)網(망)於(어)世(세)間(간)
令(영)衆(중)生(생)倒(도)解(해)
捨(사)離(리)一(일)切(체)倒(도)

衆生各別異 (중생각별이)
了達皆是想 (요달개시상)
十方諸衆生 (시방제중생)
若捨顚倒見 (약사전도견)
世間如陽焰 (세간여양염)
知世住於想 (지세주어상)
譬如熱時焰 (비여열시염)

形類非一種 (형류비일종)
一切無眞實 (일체무진실)
皆爲想所覆 (개위상소부)
則滅世間想 (즉멸세간상)
以想有差別 (이상유차별)
遠離三顚倒 (원리삼전도)
世見謂爲水 (세견위위수)

水實無所有 (수실무소유)
衆生亦復然 (중생역부연)
如焰住於想 (여염주어상)
若離於諸想 (약리어제상)
愚癡着想者 (우치착상자)
遠離憍慢心 (원리교만심)
住盡無盡處 (주진무진처)

智者不應求 (지자불응구)
世趣皆無有 (세취개무유)
無礙心境界 (무애심경계)
亦離諸戲論 (역리제희론)
悉令得解脫 (실령득해탈)
除滅世間想 (제멸세간상)
是菩薩方便 (시보살방편)

菩薩了世法 (보살료세법)
非處非無處 (비처비무처)
諸法無分別 (제법무분별)
三世諸世間 (삼세제세간)
夢體無生滅 (몽체무생멸)
三界悉如是 (삼계실여시)
夢不在世間 (몽불재세간)

一切皆如夢 (일체개여몽)
體性恒寂滅 (체성항적멸)
如夢不異心 (여몽불이심)
一切悉如是 (일체실여시)
亦無有方所 (역무유방소)
見者心解脫 (견자심해탈)
不在非世間 (부재비세간)

此(차) 二(이) 不(불) 分(분) 別(별)
譬(비) 如(여) 夢(몽) 中(중) 見(견)
世(세) 間(간) 亦(역) 如(여) 是(시)
住(주) 於(어) 夢(몽) 定(정) 者(자)
非(비) 同(동) 非(비) 是(시) 異(이)
衆(중) 生(생) 諸(제) 刹(찰) 業(업)
如(여) 是(시) 悉(실) 了(료) 知(지)

得(득) 入(입) 於(어) 忍(인) 地(지)
種(종) 種(종) 諸(제) 異(이) 相(상)
與(여) 夢(몽) 無(무) 差(차) 別(별)
了(요) 世(세) 皆(개) 如(여) 夢(몽)
非(비) 一(일) 非(비) 種(종) 種(종)
雜(잡) 染(염) 及(급) 清(청) 淨(정)
與(여) 夢(몽) 皆(개) 平(평) 等(등)

菩薩所行行 (보살소행행)
明了皆如夢 (명료개여몽)
了世皆空寂 (요세개공적)
譬如夢所見 (비여몽소견)
是名如夢忍 (시명여몽인)
疾成無礙智 (질성무애지)
修行如是行 (수행여시행)

及以諸大願 (급이제대원)
與世亦無別 (여세역무별)
不壞於世法 (불괴어세법)
長短等諸色 (장단등제색)
因此了世法 (인차료세법)
廣度諸群生 (광도제군생)
出生廣大解 (출생광대해)

巧知諸法性(교지제법성)
一切諸世間(일체제세간)
非內亦非外(비내역비외)
如聞種種響(여문종종향)
菩薩聞音聲(보살문음성)
瞻仰諸如來(첨앙제여래)
演契經無量(연계경무량)

於法心無著(어법심무착)
種種諸音聲(종종제음성)
了知悉如響(요지실여향)
心不生分別(심불생분별)
其心亦如是(기심역여시)
及聽說法音(급청설법음)
雖聞無所着(수문무소착)

如響無來處 (여향무래처)
而能分別法 (이능분별법)
善了諸音聲 (선료제음성)
知聲悉空寂 (지성실공적)
了法不在言 (요법부재언)
而能示言說 (이능시언설)
了知言語道 (요지언어도)

所聞聲亦然 (소문성역연)
與法無乖謬 (여법무괴류)
於聲不分別 (어성불분별)
普出淸淨音 (보출청정음)
善入無言際 (선입무언제)
如響徧世間 (여향변세간)
具足音聲分 (구족음성분)

知聲性空寂 (지성성공적)
如世所有音 (여세소유음)
其音悉周徧 (기음실주변)
菩薩獲此忍 (보살획차인)
善巧說三世 (선교설삼세)
爲欲利世間 (위욕리세간)
而常入法性 (이상입법성)

以世言音說 (이세언음설)
示同分別法 (시동분별법)
開悟諸群生 (개오제군생)
淨音化世間 (정음화세간)
於世無所着 (어세무소착)
專意求菩提 (전의구보리)
於彼無分別 (어피무분별)

普觀諸世間 보관제세간
而恒爲饒益 이항위요익
不住於世間 불주어세간
於世無所依 어세무소의
了知世間性 요지세간성
雖不依世間 수불의세간
世間所有法 세간소유법

寂滅無體性 적멸무체성
修行意不動 수행의부동
不離於世間 불리어세간
依處不可得 의처불가득
於性無染着 어성무염착
化世令超度 화세령초도
悉知其自性 실지기자성

了 요 法 법 無 무 有 유 二 이
心 심 不 불 離 리 世 세 間 간
非 비 於 어 世 세 間 간 外 외
譬 비 如 여 水 수 中 중 影 영
菩 보 薩 살 求 구 菩 보 提 리
不 불 於 어 世 세 住 주 出 출
亦 역 不 불 在 재 內 내 外 외

無 무 二 이 亦 역 無 무 着 착
亦 역 不 부 住 주 世 세 間 간
修 수 行 행 一 일 切 체 智 지
非 비 內 내 亦 역 非 비 外 외
了 요 世 세 非 비 世 세 間 간
以 이 世 세 不 불 可 가 說 설
如 여 影 영 現 현 世 세 間 간

入此甚深義 입차심심의
不捨本誓心 불사본서심
世間無邊際 세간무변제
普化諸群生 보화제군생
觀察甚深法 관찰심심법
從此入於智 종차입어지
菩薩觀諸法 보살관제법

離垢悉明徹 이구실명철
普照世間燈 보조세간등
智入悉齊等 지입실제등
令其捨衆着 영기사중착
利益群生衆 이익군생중
修行一切道 수행일체도
諦了悉如化 제료실여화

而(이)行(행)如(여)化(화)行(행)
隨(수)順(순)化(화)自(자)性(성)
一(일)切(체)法(법)如(여)化(화)
一(일)切(체)諸(제)世(세)間(간)
平(평)等(등)悉(실)如(여)化(화)
三(삼)世(세)所(소)有(유)佛(불)
本(본)願(원)修(수)諸(제)行(행)

畢(필)竟(경)永(영)不(불)捨(사)
修(수)習(습)菩(보)提(리)道(도)
菩(보)薩(살)行(행)亦(역)然(연)
及(급)以(이)無(무)量(량)業(업)
畢(필)竟(경)住(주)寂(적)滅(멸)
一(일)切(체)亦(역)如(여)化(화)
變(변)化(화)成(성)如(여)來(래)

佛불 以이 大대 慈자 悲비
度도 脫탈 亦역 如여 化화
知지 世세 皆개 如여 化화
化화 事사 種종 種종 殊수
修수 習습 菩보 提리 行행
無무 量량 善선 莊장 嚴엄
化화 法법 離리 分분 別별

度도 脫탈 化화 衆중 生생
化화 力력 爲위 說설 法법
不불 分분 別별 世세 間간
皆개 由유 業업 差차 別별
莊장 嚴엄 於어 化화 藏장
如여 業업 作작 世세 間간
亦역 不불 分분 別별 法법

此二俱寂滅 차이구적멸
化海了於智 화해료어지
化非生滅法 화비생멸법
第十忍明觀 제십인명관
體性皆寂滅 체성개적멸
獲此如空智 획차여공지
如空無種種 여공무종종

菩薩行如是 보살행여시
化性印世間 화성인세간
智慧亦如是 지혜역여시
衆生及諸法 중생급제법
如空無處所 여공무처소
永離諸取着 영리제취착
於世無所礙 어세무소애

成就空忍力 성취공인력
境界如虛空 경계여허공
虛空無體性 허공무체성
亦無種種別 역무종종별
虛空無初際 허공무초제
其量不可得 기량불가득
如是觀法性 여시관법성

如空無有盡 여공무유진
不作空分別 부작공분별
亦復非斷滅 역부비단멸
智力亦如是 지력역여시
亦復無中後 역부무중후
菩薩智亦然 보살지역연
一切如虛空 일체여허공

無生亦無滅 (무생역무멸)
自住如空法 (자주여공법)
降伏一切魔 (항복일체마)
世間相差別 (세간상차별)
入於無相處 (입어무상처)
唯以一方便 (유이일방편)
謂知三世法 (위지삼세법)

菩薩之所得 (보살지소득)
復爲衆生說 (부위중생설)
皆斯忍方便 (개사인방편)
皆空無有相 (개공무유상)
諸相悉平等 (제상실평등)
普入衆世間 (보입중세간)
悉等虛空性 (실등허공성)

智慧與音聲 (지혜여음성)
其性如虛空 (기성여허공)
如是十種忍 (여시십종인)
其心善安住 (기심선안주)
於此善修學 (어차선수학)
法力及智力 (법력급지력)
通達此忍門 (통달차인문)

及以菩薩身 (급이보살신)
一切皆寂滅 (일체개적멸)
佛子所修行 (불자소수행)
廣爲衆生說 (광위중생설)
成就廣大力 (성취광대력)
爲菩提方便 (위보리방편)
成就無礙智 (성취무애지)

超過一切衆 (초과일체중)
所修廣大行 (소수광대행)
調御師智海 (조어사지해)
捨我而修行 (사아이수행)
心常住淨法 (심상주정법)
衆生及刹塵 (중생급찰진)
菩薩諸功德 (보살제공덕)

轉於無上輪 (전어무상륜)
其量不可得 (기량불가득)
乃能分別知 (내능분별지)
入於深法性 (입어심법성)
以是施群生 (이시시군생)
尚可知其數 (상가지기수)
無能度其限 (무능도기한)

사경의 공덕은 십만억 부처님께 공양한 것과 같은 공덕이 있습니다.

菩薩能成就
보살능성취

智慧及所行
지혜급소행

如是十種忍
여시십종인

衆生莫能測
중생막능측

發願文

귀의 삼보하옵고

거룩하신 부처님께 발원하옵나이다.

주　소 : ____________________

전　화 : ____________ 불명 : ____________ 성명 : ____________

불기 25 ______ 년 ______ 월 ______ 일